大学院文化科学研究科

教育文化の社会学

稲垣恭子

人間発達科学プログラム

教育文化の社会学（'17）
©2017　稲垣恭子

装丁・ブックデザイン：畑中　猛

s-67

まえがき

　私が学問の面白さに惹かれるきっかけになったのは，高校一年生のときに堀米庸三氏によるホイジンガの『中世の秋』という本について紹介するテレビ番組をみたことだった。それまで，ヨーロッパ中世といっても世界史の授業の知識くらいしかなかったから，ルネサンスが始まるまでの暗黒の時代という程度の印象だった。解説をきいて，中世の世界が私たちとはまたちがった豊かさをもったものだったということに驚きと感動を覚えた。

　実際に読んでみると，そのなかに出てくる中世の人々の激しやすさと穏やかさ，貪欲さと慎み深さ，傲慢さと無邪気さの間を揺れ動くような生活や感情の描写に，不思議さと好奇心を覚えると同時に，ヨーロッパ中世という遠い世界の人々の「生きられた世界」が身近に感じられる気がした。

　私たちは教育を通して知識や技術を習得し，共通のもののみかたや感じかたを身につけていくと同時に，他者との相互行為のなかでそれらを意味づけ直し創り変えていく。教育文化は，文化と教育が一体となって創りだす「生きられた文化」である。

　教育文化には，儀礼や慣習のように目にみえる形で存在しているものから，感情や欲望のように外から客観的にとらえることが難しいものまで含まれる。そのなかには，長期にわたって維持されていくものから短期的に変化していくものもある。また，同じ社会のなかにあっても，階層やジェンダー，世代などによって異なる文化が拮抗しあるいは併存していることも少なくない。私たちは，そうしたさまざまな文化が重なり合う「思い描く世界」のなかに生きているのである。

　本書では，このような広い意味での教育文化について，それらが歴史的，社会的な文脈のなかでどのようにつくられ，また維持・変容してきたのか，そのしくみや機能を文化社会学，歴史社会学の視点から考えていきたい。

現代の社会では，私たちの生活を枠づけ方向づける制度や文化的慣習が後退し，それぞれ個人が生きかたを模索し意味づけていくことが求められている。そこには，新しい文化の創造への期待と同時に，共通の意味の枠組みの喪失という不安もある。

　これまでの社会や文化を支えてきた制度が揺らぎ，新しい価値を求めて模索する現在の状況を明確にとらえるのは簡単ではない。しかし，そうした状況にあるからこそ，私たちが継承してきた教育文化のしくみを見直していくことが重要である。目にみえる成果や短期的な目標に目を奪われがちな日常のなかで，現実から少し距離をとったところから自分自身や社会を見直す視点をもつことが求められる。

　教育文化について学ぶことが，私たちの現在をみつめ直す機会になれば幸いである。

稲垣　恭子

目次

まえがき　稲垣恭子　3

1　教育文化へのアプローチ　9
　1．教育文化とは　9
　2．文化装置としての教育　11
　3．教育文化の多様性と重層性　16

2　子どもと大人の関係をどうみるか　23
　1．子どもと大人の関係は変わったか　23
　2．「子ども」の発見と教育的まなざし　26
　3．「子ども」と「大人」関係の変容と現在　30

3　「教育する家族」の誕生と変容　38
　1．子育ての習俗と文化　38
　2．「教育する家族」の誕生　40
　3．「教育する家族」の広がり　45
　4．多様化する家族と家庭文化　48

4　変容する家族の物語　53
　1．多様化する家族　53
　2．『あまちゃん』にみる家族とつながりの変容　56
　3．ほつれゆく家族物語と疑似共同体家族というロマン　63

5 文化装置としての学校　　66

1．学校空間の成立　66
2．合理的組織としての学校　71
3．学校の揺らぎと再編　75

6 感情共同体としての学校　　79

1．通過儀礼としての学校　79
2．感情共同体の場としての卒業式　82
3．思い出共同体としての学校　85
4．同窓会という装置　88
5．意味空間としての学校　91

7 生徒文化と学校空間の変容　　93

1．生徒文化の変容　93
2．コンサマトリー化する学校　97
3．市場化する学校　103

8 学生文化と教養の変容　　106

1．学生文化は変わったか　106
2．「教養主義」と学生文化　108
3．学生文化の変容　111

9 | 女学生の文化と教養　　120

1. 明治の女学生　120
2. 女学校の拡大と女学生文化　122
3. もうひとつの教養の系譜　127
4. 現代の女子学生と教養のゆくえ　130

10 | 〈師弟関係〉という文化　　135

1. 師弟関係とは　135
2. 師弟関係の原型　137
3. 師弟関係の変容　145

11 | 近代教育の表層と深層　　149

1. 「近代教育」・「ポスト近代教育」・「師弟関係」　149
2. 師弟関係という力　153
3. 「師弟関係」から教育サービスへ　159

12 | 〈私淑〉の文化　　165

1. 「私淑」とは　165
2. 古典的な私淑　166
3. 積極的選択としての「私淑」　169
4. 「シシュク」の広がりとアカデミズムの変容　174

13 メディアと教養文化　180

1. 教養文化と教養メディア　180
2. 「中間文化界」の広がりと衰退　182
3. インターネットと「中間文化界」の可能性　191

14 努力主義と日本型メリトクラシーのゆくえ　194

1. 文化が壁になる社会，壁のみえにくい社会　194
2. 日本型メリトクラシーのしくみ　196
3. 勉強＝努力主義の解体とメリトクラシーの変容　200

15 現代日本の教育文化―まとめと課題―　207

1. 日本の教育文化の特質　207
2. 教育文化の現在とゆくえ　213

索引　218

1 教育文化へのアプローチ

　あらゆる社会には，その社会を支える文化を継承・発展させていくための独自の文化が存在している。そのなかには，家族や地域，社会のなかで蓄積されてきた育児や子育ての慣習から，学校や公共の教育施設，メディアなどの文化装置まで，多様な場や媒体が含まれている。その意味では，教育は文化の継承全体に関わる広い事象である。本書では，こうした広い意味での教育文化がどのようにつくられ，変容してきたのか，その社会的なしくみや機能を社会学的な視点から解いていくことを目的としている。
　本章では，教育文化を社会学的にとらえるための基本的な視点や方法論について概観する。
【キーワード】教育文化，文化装置，文明化，子育ての習俗，文化資本

1. 教育文化とは

（1）社会に偏在する文化

　ことばや歩きかた，箸の使いかたや挨拶のしかたなど，私たちがごく当たり前に身につけていることのほとんどは，周囲の人たちとの関係のなかで一定のパターンへとつくられていったものである。
　たとえば，朝起きる時間や就寝の時間，食事の時間などもだいたい決まっていることが多いが，それらは自分の好みというよりも，家族や仕事の都合など所属している集団のなかで共有されているものである。それだけでなく，その時間になると目覚ましをかけなくても目が覚めたり眠くなったり，あるいは空腹を感じたりする。こうした現象は生理的な反応のようにおもえるが，実はそれらも必ずしも普遍的なものではない。
　睡眠と覚醒のパターンは，他の動物ではずっと変化しないが，人間の

場合は，環境や社会によって睡眠・覚醒を頻繁に繰り返す多相型や朝と晩の一度ずつの単相型の場合などさまざまであり，また同じ人間のなかでも年齢によっても変わっていく。

これらの例は，身体的，生理的なものも含めて，他者との相互行為のなかで社会的につくられているものだということを示している。

また，喜びや悲しみ，怒りなどの感情も，必ずしも普遍的なものではない。中世ヨーロッパから現代までの礼儀作法書の変化を詳細に分析したN. エリアスは，礼儀作法の変化とともに怒りや恐怖，羞恥心といった感情も徐々に変化していったことを説得的に論じている[1]。たとえば，食事のマナーの変化をみると，大皿から手づかみでとっていたようなやりかたから，個別の皿に切り分けてとるようになるとか，ナイフやフォーク，ナプキンを使用してモノとの間に距離をとるようになるといった変化がみられるという。そこには，「文明化」とともに自然な粗暴さが消えていくと同時に，それらが「上品さ」や「清潔感」に欠けるものとして忌避されるという感覚の変化をともなっていることが指摘されている。

このように，言語や行動パターン，さらにはそれによって培われるものの見かたや感じかたなど，わたしたちが自然に身につけてきたもののほとんどは，普遍的なものではなく歴史的，社会的につくられてきたのである。それらは，地域や階層，ジェンダーなどさまざまな歴史的・社会的条件によって多様な形態をとっている。

その意味では，文化とは，「特定の歴史的時代における特定の社会，階級，集団を特徴づけるような生きられた実践」[2]であるということができるだろう。

（2）教育文化への問い

私たちは，文化のなかに生まれさまざまな教育的な働きかけとともに

---

1) N. エリアス『文明化の過程　上・下』法政大学出版局，2004年
2) Hall, S. et. al. (eds) Culture, Media, Language, Hutchinson & Ltd. 1980

成長していく。教育的な働きかけには，学校のような制度化された場だけでなく，家庭のしつけや習い事のようなインフォーマルなものからメディアを通した間接的なものまでさまざまなレベルが含まれる。

教育文化は，私たちの外部に存在するのではなく，身近な他者や社会的な相互行為のなかで意味づけられ共有されていくものである。私たちは，教育を通して知識や技術だけでなく，愛情や努力，競争心といった感情や価値も共に形成していく。教育は文化の一部を構成するものであると同時に，文化を継承し創り変えていく側面ももつ。その意味では，教育文化は，文化と教育が一体となって創りだす「生きられた文化」である。

本書のねらいは，このような広い意味での教育文化について，それらが歴史的，社会的な文脈のなかでどのようにつくられ維持・変容してきたのか，そのしくみや機能について社会学的な視点から考えていくことにある。

2. 文化装置としての教育

(1) 通過儀礼と子育ての習俗

社会には，それぞれ子どもを育てていくための慣習や文化が存在する。民俗学や歴史人類学，文化史の領域では，日常の生活世界における子育ての習俗や文化を採集し，それぞれの習慣の意味やその背景にある世界観についての研究を蓄積してきた。

それらによれば，子育ては地域や共同体のなかの慣習にしたがって行われていた。たとえば日本では，子どもが生まれたらまず産湯を使うが，産湯のなかに塩やいちじくの葉の煮汁を入れたり，地方によってはネズミの糞や銀貨を入れる習慣のところもあったという[3]。場所は離れているが，フランスの19世紀の農村でも，産湯に新鮮なバターかかきまぜた

3）鎌田久子他『日本人の子産み・子育て―いま・むかし―』勁草書房，1990年，205～206頁

卵黄を入れたりぶどう酒を入れるなど，入れるものはちがっても似たような習慣があったようだ[4]。今からみれば，科学的な根拠のない迷信におもえるが，まったく意味のないものだったわけではない。ぶどう酒の赤い色は子どもの健康な頬の色，ネズミの糞は元気でマメな子どもを象徴するものであり，子どもの健康への願いが込められた慣習だったのである。

　また，出生後7日目に名前をつけるという習慣も広く行われていたが，名前をつけることは，子どもの存在を社会的に承認してもらう重要な儀礼のひとつだった。産みの親とは別に名づけ親を頼んだりするのも，共同体のネットワークのなかに子どもを位置づける意味をもっていたのである。

　それ以外にも，生後30日経つとお宮参り，100日になるとお食い初め，さらに成長に合わせて七五三，成人式（元服）といったさまざまな儀礼が行われていた。一般に「通過儀礼」と呼ばれるこうした人生儀礼は，子どもが一人前になっていく過程を共同体が承認し受け入れていくための慣習や文化として根づいていたのである。

　このような子育ての慣習や儀礼は，子どもを「一人前」にしていく上で必要な知識や技術を継承していくために蓄積された文化である。子どもは，こうした習俗や文化を通して地域共同体のルールや規範，さらに生活や職業に必要な知識や技能を身につけていく。したがって，どのような育てかたがよいのかは，共同体の規範や職業によってもちがっていた。子どもは，所属する共同体社会のなかで，自分の生活や職業に見合ったものの見かたや感じかたを習得していったのである。

（2）近代的な文化装置

　しかし社会がより近代化されていくのにともなって，子どもを「よりよく」育てるためのさまざまな専門機関やメディアが重要な役割をもつようになる。学校や保育所などの公共機関を中心として，職業や地域に

4）F.ルークス，福井憲彦訳『〈母と子〉の民俗史』新評論，1983年

よらず，普遍的な「教育」が広く行われるようになる。さらにそれを補完するように，塾やスポーツ教室などの民間の教育産業が参入する。また，育児書や各種の教育雑誌などのメディアも子育てや教育に関するさまざまな情報を提供していくようになる。それにともなって，新しいスタイルの教材や文房具，子ども用の机と椅子などの家具も開発されていく。

　これらは，子育てや教育についての見かたや考えかたを大きく変えるものであった。それまでは日常生活や職業に根ざした子育ての文化であったのが，より普遍的で望ましい「教育」を目ざすようになったのである。

　学校や図書館といった公共機関，民間の教育機関や教育メディアなどの文化産業は，このような新しい教育文化を創りだしていく「文化装置」である。ここで少し「文化装置」ということばの意味について触れておこう。

　「文化装置（cultural apparatus）」とは，社会学者のC.W.ミルズによって概念化された用語で，簡単にいうと「ひとが何かを見るためのレンズのようなもの」[5]である。言語や慣習は，私たちの行動を外から規制するだけなく，それを通してものの見かたや感じかたをつくりだしコントロールするものである。認識や感情の枠組みをつくるものといってもいいだろう。

　学校や博物館，図書館，新聞，雑誌といった空間やメディアは，子育ての習俗や通過儀礼が前提としてきたものの見かたや感じかた，その前提となる世界観から，科学的で合理的な知に基づいた新しい見かたや感じかたを「普遍的」で「正統」な文化として定着させていく文化装置としてみることができる。このような文化装置のなかで，「教育」は日常の生活世界から離れて特別な位置をもつようになったのである。

　本書では，近代の教育を「文化装置」という視点からもみていくこと

---

5) C. W. ミルズ，青井和夫・本間康平訳『権力・政治・民衆』みすず書房，1971年，323頁

によって，私たちが自明視してきた教育のさまざまな前提を歴史的，社会的な視野から相対化し，とらえなおしていくことにしたい。

（3）学校と文化資本

近代的な文化装置のなかで，「教育」は社会のなかに広く浸透していったが，なかでもその中心になったのは学校である。

近代学校が始まった明治以降，学校は独自の文化を形成してきた。学年やクラスごとに分けられた教室，黒板と教卓に向かってしつらえられた机と椅子の配置，時間で区切られたカリキュラム，試験などは，学校という場に特有なものである。そのなかで長期間を生徒・学生として過ごすことは，知識や技術の習得だけでなく，もののみかたや感じかたにも大きな影響を与えることになる。

学校では，子どもに地域共同体での生活や職業に必要な知識や技能を習得させるだけでなく，日常生活とはいったん切り離された科学的で体系的な知が「正しい知識」として教えられ，教科書にでてくるような音楽や美術，文学作品が「芸術」「文学」として提示される。その結果，学校で教えられる知識や価値が「正統文化」として権威をもつようになる。教師はその伝達者として権威をもつ。「学校でなければ正しい知識は学べない」という認識が一般に浸透していくことになるのである。

学校で身につけた文化は，知識を豊富にしたり価値観を形成することにとどまらない。それらは試験によって評価されることによって，生徒・学生のアイデンティティや将来の選択を方向づける上でも重要な意味をもつようになる。特定の知識や価値，生活スタイルなどの文化が，それを正統化する文化装置（学校）によって資本として力をもつのである。

文化のもつこのような側面を，一般に「文化資本」（cultural capital）と呼んでいる。P.ブルデューは，特定の階層の家庭で自然に身につけられていく文化（文学・芸術の趣味や食べ物の嗜好，社交性など）が，学校の文化と親和性をもつことによって「正統文化」として正当化され，それが資本（文化資本）として社会的な力をもつことによって，階層の再生産が維持される（文化的再生産）ことを指摘した[6]。たとえば，家

で親に本を読んでもらったり，クラシック音楽のコンサートや美術館に行ったりする経験の多い文化階層の高い家庭の子どもは，そうした経験の少ない低階層の子どもに比べて，学校の成績や学歴が高くなる傾向が高い。それは，家庭で身についた趣味や嗜好が，学校が「正統」とみなす文化と連続性が高いために，有利に働くというのである。つまり，もともとは単なる趣味・嗜好であった階層文化が，学校を通すことで正統化され，社会的に有利なポジションを保有する資本（＝文化資本）に転化するというわけである。

なかでも，ウィットのある会話やしぐさの上品さ，文学や芸術に対する知識やテイストの洗練度などのように，その人の一部として「身体化された文化資本」は，獲得するのに長い時間がかかるため，学校で習得するのでは遅く，家庭で身につけられる部分が大きい。それが，学校での成績や学歴の階層差に隠れた影響を与えている可能性が高いのである。

文化装置としての学校は，「正統文化」としての権威をもつことによって，教育文化の中心を担ってきた。学校は西洋の学問に基礎をおいた新しい知識や思考法，日常の生活スタイルなどを獲得する「文化資本形成機能」をもつことによって，その権威を維持してきたのである。

しかし，それは別の側面からみると，階層文化を「正統文化」に読み替えることによって階層構造の再生産を保持していくことにもつながっていく場合もある。近年，家庭の教育への関心や文化的経験の違いが，子どもの学校の成績や職業選択を制約するという格差の問題が取上げられることが少なくない。文化と格差の関係への社会的関心が高くなっていることがうかがえるのである。

文化装置としての学校の意味を考えていく上で，こうした両面からみていくことも重要である。

6) P. ブルデュー，J. C. パスロン，宮島喬訳『再生産―教育・社会・文化』藤原書店，1991年

3. 教育文化の多様性と重層性

(1) 学生・生徒文化と教養

　学校という文化装置においては，カリキュラムを通して教えられるフォーマルな文化だけでなく，学生や生徒のなかで形成される文化も重要である。そこでは，より多様で自律的な新しい教育文化が形成されていく面もある。

　たとえば，言語能力や理解力の基礎になる読書は文化資本として重要であるが，これらは家庭文化のなかだけでなく，学校教育や学生文化のなかで身につけられることが多い。近代日本においては長い間，読書は学生文化・生徒文化の中心的な位置を占め，それが「教養」として定着していった。その盛衰は，学校の文化資本形成機能を映し出すものでもある。本書では，読書文化と学生文化，教養の関係やその変化について，世代やジェンダーなどを視野にいれながら考えていきたい。

(2) 対抗文化とサブカルチャー

　しかし，学生・生徒文化のなかには，文化装置としての学校の権威にたいして対抗的あるいいは距離をとった態度をとるものも現れてくる。「対抗文化」としての生徒文化はそのひとつである。

　たとえば，P.ウィリスの『ハマータウンの野郎ども』[7] は，学校が提示する「よき人生」や「よき仕事」といった生きかたに反抗し，自分たち自身の自律した文化のありようを示そうとするもうひとつの文化（対抗文化）に焦点をあてた研究である。学校の支配的文化である中産階級の文化に対する労働者階級の生徒たちの「反学校文化」の意味を内側から描き出した研究としてよく知られている。

　この研究が行われた1970年代半ばは，支配的文化に対する対抗文化（カウンターカルチャー）という図式がリアリティをもっていた時代である。日本においても，学校の正統性への疑念が不登校や対教師暴力といった

---

7) ちくま学芸文庫，1996年

教育問題や学校問題という形で現われ，そうした現象をめぐってさまざまな言説がつくられ流布していくなかで，学校の自明性も揺らいでいくことになったのである。

　さらに1980年代後半あたりからは，高度消費社会の到来やメディアの多様化のなかで，それまでの「正統文化」と「大衆文化」，「支配文化」と「対抗文化」，「男性文化」と「女性文化」といった二分法で文化をみることが難しくなり，階層やジェンダー，エスニシティなどが融合するより多様で流動的なサブカルチャーに焦点があてられるようになる。

　また，「子ども」文化と「大人」文化の境界がみえにくくなり，それまでのような文化の「伝達」や「継承」という視点ではとらえられなくなってきた。N. ポストマンは，テレビの普及によって「子ども期」という区分が消滅していったと指摘している[8]。活字メディアの時代には，大人と子どもの情報量には格差があり，それが大人＝教える側，子ども＝教えられる側という関係を維持していた。ところが，テレビの普及によって，大人と子どもが同じように情報にアクセスできるようになり，その結果，子ども期が消滅したというのである。また，メディア社会の進展は，過去の文化と現在の文化を同時に摂取できるようにした。そのことも文化摂取における世代の壁を取り払うことになった面もあるだろう。

　また，メディア社会と同時に消費社会化が進展していくことによって，学校文化と消費文化が融合する現象も顕在化していった。アカデミックな序列だけでなく，学校のブランド・イメージが人気やステイタスの重要な要素になる。女子高生の文化がクローズアップされたのもこの時期である。消費文化やメディア文化と学校文化，生徒文化が相互に浸透する状況のなかで，学校は「正統文化」を担う文化装置としての機能を減退させつつあるといえるかもしれない。

8）N. ポストマン，小柴一訳『子どもはもういない』新樹社，1985年

(3) 教育文化へのアプローチ

　本書は，広い意味での教育文化の形成と継承にかかわる営みを，歴史的，社会的な多様性のなかでみていくことによって，現代社会における教育文化の特質を明らかにすることを目指している。マクロな視点においては，伝統的な子育ての習俗や文化から，学校やメディアを中心とした近代的な文化装置へ，そして現在，社会全体のグローバル化や流動化のなかで教育文化がどのように変容しつつあるのかを，歴史社会学の視点からとらえなおしていく。それによって，私たちが自明視してきた「教育」を広い視野から見直すことが可能になると同時に，現在とこれからの教育について考える礎となるだろう。

　一方，よりミクロな視点からみると，同じ文化を経験しても，それをどう受けとめ自分自身の生きかたのなかに位置づけていくかは，それぞれ異なっている。知識や規範の蓄積と集積としての文化という客観的な視点だけでなく，そのなかでつくられていくもののみかたや感じかたといった感性や感情を含めた「生きられた文化」をみていくことが重要である。自伝や評伝などを資料とする個人史にも着目していきたい。

　また，R. シャルチエは，読書の社会史の研究のなかで，階層によって読書傾向が異なるというだけでなく，何をどう読んだかという解釈の共有（解釈共同体）によって階層が再編成されていくプロセスを重視している[9]。そこでは，教養や感性をめぐる個人や集団の間の差異化や，それをめぐる競争もおこってくる。「生きられた文化」と社会構造の関係を問うダイナミックな視点である。

　教育文化の社会学的研究がめざすのは，こうした教育をめぐるさまざまな営みを広く歴史的，社会的条件のなかで相対化しつつ，その多様性を制度化されたレベルから感情や感覚などの主観的レベルまで含めて明らかにしていくことである。

　本書では，このような視点にたって教育文化のしくみを明らかにする

---

[9] R. シャルチエ，福井憲彦訳『読書の文化史―テクスト・書物・読解』新曜社，1992年

と同時に，そのなかで日常の現実に合うように読み替えつくり替えられていくことによって形成される多様な教育文化についてみていきたい。

　本書の構成と各章の概要は以下のとおりである。

　次の第2章では，教育文化を担う「子ども」と「大人」の関係とその変容について，マクロな視点からみていく。「子ども」と「大人」の関係が歴史的，社会的にどう変化してきたのかを概観することによって，境界の曖昧化や関係のフラット化といわれる現代の教育文化の意味を，歴史的な視野から検討したい。

　第3章では，「子ども」を特別な教育的配慮の下で育てるようになった「教育する家族」の誕生と変容を軸に，家族と子育てをめぐる文化について考察する。大正期に成立したといわれる教育熱心な家族である「教育する家族」の特徴とその心性から出発して，その広がりや変容の過程をあとづけていきたい。

　第4章では，「擬制家族」を軸として，家族と教育を支えてきた教育文化の意味を再考する。近代以前の制度である「擬制家族」が近代社会においても「教育する家族」を支えていたことをふまえつつ，現在の家族と教育をめぐる状況について考察する。具体的にはテレビドラマを事例として，家族であること，成長と自立，つながりとは何かについて考えていきたい。

　第5章からは，家庭から学校に目を転じ，そのなかでつくられる教育文化について考察していく。第5章では，近代学校がどのようにつくられ定着してきたのかについて，歴史社会学的な視点から考察する。学校の空間配置，机と椅子，教師と生徒の関係など，私たちにとって見慣れた学校と教室という空間をあらためて見直すことによって，文化装置としての学校の意味を考える。

　第5章が学校の空間配置やモノといった客観的な文化装置としての側面から学校文化をとらえようとするのに対して，第6章では，感情や感覚というより主観的な側面から，感情共同体としての学校の意味について考察する。ノスタルジアや記憶の共同体としての学校に光をあてることによって，学校のもつ文化装置のもうひとつの側面について考えてい

きたい。

　第5章，第6章が文化装置としての学校に焦点をあてているのに対して，第7章では，生徒文化という視点から，生徒自身が学校をどのように意味づけ生活してきたのかを考察する。とくに，消費社会化とメディアの浸透による現代の生徒文化について，コンサマトリーという視点から考えていきたい。

　第8章と第9章では，教養を軸にしながら学生文化の特徴について考える。まず第8章では，大正期にはじまる教養主義を出発点としながら，学生文化と教養の特徴とその変容について考察する。とくに読書文化を中心に，旧制の高等教育における読書文化から現代の学生文化まで，その変容をあとづけながら教養の現代的意味について考えたい。

　第9章では，旧制の高等女学校を中心にする女学生の文化と教養に焦点をあてて，その特徴や社会的意味について考えていく。教養というと，これまで男子の教養を中心に論じられることが多かったが，ここでは女学生の文化と教養の特徴に焦点をあてることによって，もうひとつの教養の系譜をたぐりだし，現代における教養の意味を再考したい。

　第10章から第12章までは，教師と生徒・学生の関係を軸にしながら日本の教育文化について考える。まず第10章では，〈教える―学ぶ〉関係の原型としての師弟関係に焦点をあてて，その特徴やしくみをみていくことによって，現代の教師―生徒関係との違いやその現代的な意味について広い視野から考える。

　第11章では，近代的な教育を，その表層と深層が織り合わされた重層的なしくみとしてとらえ，とくにその深層を支える文化として，師弟関係の力に焦点をあてて考察する。それによって，近代教育からポスト近代教育へと移行しつつあるといわれる現代の教育を新しい角度から考えていきたい。

　第12章では，教師と生徒・学生の直接的な関係とは別に，社会のなかで広く共有されてきた「私淑」の文化について考える。「私淑」は，直接的な指導関係ではなく，読書やインターネットなどを通したより間接的な師事のスタイルである。ここでは，古典的な「私淑」から現代のメ

ディア社会における「シシュク」まで，さまざまなタイプの「私淑」について検討しながら，現代における「学び」の意味を再考したい。

第13章では，戦後日本におけるメディアと教養の関係とその変容について，いわゆる「総合雑誌」からインターネットを介した「ネット論壇」まで，その内容や読者層（利用者層）の変化に焦点をあてて考えていく。アカデミズムと大衆ジャーナリズムを媒介する「中間文化界」の広がりと変容をあとづけることによって，現代日本における教養とメディアの関係について考えたい。

第14章では，日本の教育文化の特徴といわれる努力主義に焦点をあてて，その意味や変容について検討する。またそれを通して，日本におけるメリトクラシーの特質と変容についても考察していきたい。

第15章では，本書の全体についてまとめると同時に，これまで教育を支えてきた文化装置がその機能を喪失しつつあるといわれるなかで，これからの教育文化のゆくえと教育文化研究の可能性について考えたい。

研究課題

・私たちは家庭，学校や塾，読書，職場，講演会やセミナーなどさまざまな場面で教育と関わっている。自分がこれまでの人生でどのような教育に触れてきたか，箇条書きにしてみよう。また，とくに思い入れがあったり違和感を覚えるものがあれば，それはどのような経験で，何が原因かを考えてみよう。

・あなたが，自分と文化が異なると感じる人や場面はどういったものだろうか。一つを取り上げ，何がどのようにちがうと感じるのか書き出して言葉にしてみよう。また，そうしたちがいが生まれる背景にはどのような社会があるのかについて考えてみよう。

参考・引用文献

P. L. バーガー，B. バーガー，安江孝司他訳『バーガー社会学』(学習研究社，1979年)
N. エリアス，赤井慧爾，中村元保，吉田正勝訳『文明化の過程 上』(法政大学出版局，2004年)
N. エリアス，波田節夫他訳『文明化の過程 下』(法政大学出版局，2004年)
Hall, S. et. al.（eds）Culture,Media,Language, Hutchinson & Ltd. 1980
鎌田久子他『日本人の子産み・子育て―いま・むかし―』(勁草書房，1990年)
F. ルークス，福井憲彦訳『〈母と子〉の民俗史』(新評論，1983年)
C. W. ミルズ，青井和夫・本間康平訳『権力・政治・民衆』(みすず書房，1971年)
P. ブルデュー，J. C. パスロン，宮島喬訳『再生産―教育・社会・文化』(藤原書店，1991年)
P. ブルデュー，石井洋二郎訳『ディスタンクシオンⅠ』(藤原書店，1990年)，『ディスタンクシオンⅡ』(藤原書店，1990年)
P. ウィリス，熊沢誠，山田潤訳『ハマータウンの野郎ども』(ちくま学芸文庫，1996年)
N. ポストマン，小柴一訳『子どもはもういない』(新樹社，1985年)
R. シャルチエ，福井憲彦訳『読書の文化史―テクスト・書物・読解』(新曜社，1992年)

2 子どもと大人の関係をどうみるか

　子どもと大人の関係について問うことは，教育をどうとらえるかということと密接に関わっている。「子どもが変わった」とか「子どもがみえなくなった」といわれることもあるが，それは子どもの実態の変化だけではなく，むしろ子どもをとらえる社会の枠組みや視線の変化としてとらえることもできる。本章では，「子ども」を「教育」という視点からとらえるまなざしや枠組がどのように成立し広がってきたのかを歴史社会学的な角度からたどり直しその意味を確認すると同時に，変容しつつある現代の「子ども」と「大人」の関係について考察する。
【キーワード】友だち親子，「子ども」の発見，児童文化，教育玩具，児童中心主義

1. 子どもと大人の関係は変わったか

（1）友だち親子

　しばらく前から，友だち同士のように仲の良い親子が増えているということが指摘されるようになった。親子で一緒に買物にいって相談しながら洋服や雑貨を購入する。母と娘の場合には，同じものを「かわいい」といってお揃いで買って身につけたり，互いの持ち物や洋服を共有することもある。また，親のことを「あの人」といったり，呼びかけるときも名前で呼んだりする。

　そうした現象から，大人の子ども化が指摘されることもある。大人になってもマンガやゲームを愛好している，「かわいい」ものを集めたり身につけたりする，遊園地ではしゃぐなど，子どもっぽい大人が増えているというのである。一方，子どもの大人化ということもよくいわれる。

大人と同じデザインやテイストのファッション，子ども向けの絵本や児童書を読んで「嘘っぽい」と批評するシニカルな態度，シビアな金銭感覚など，かつての子どもらしさのイメージとは異なる，大人びた子どもの出現である。

　子どもと大人の境界が曖昧になり，関係が横並びになってきたというのは，親子関係だけではない。学校における教師と生徒の関係や，会社における上司と部下など，かつては教える―教えられる，指示する―指示されるといった明確な補完的な役割関係を前提とした縦関係だったものも，横並びの関係に変わってきたといわれている。いわゆる「関係のフラット化」である。

　しかし，フラット化とはいっても，親と子，教師と生徒の関係が完全に横並びになったというわけではないだろう。一緒に買い物をしても支払うのは親であり，経済的には子どもは親に依存している。また教師が「上から目線」で教え込むことは批判されても，教えること自体まで否定されるわけではない。だから，一見，友だちのような関係であっても，受験や就職などの重要な選択の際には友だち関係とは別のニュアンスが入り込むことにもなる。

　たしかに，「フラット化」は，社会と文化のあらゆる領域に浸透しつつある。それにともなって，文化や知の媒介者である大人と子どもの関係も「教える―教えられる」というわかりやすい関係ではなくなってきているのは事実であろう。しかし，そこから教育的な関係がまったくなくなったわけではない。では何が変わったのだろうか。

(2)「子ども」と「大人」の分離

　そもそも大人とは質的に異なる存在としての「子ども」が，歴史的，社会的につくられたものだというP. アリエスの指摘は，現在では広く受け入れられている[1]。

---

1) P. アリエス，杉山光信・杉山恵美子訳『〈子供〉の誕生―アンシァン・レジーム期の子供と家族生活』みすず書房，1980年

アリエスによれば，工業化以前の社会（前近代社会）においては，子どもは乳児期のごく短い期間をすぎると「小さな大人」として扱われて，大人と同じように日常生活をともにしていたという。それが，17世紀あたりから都市にブルジョワ階級が生まれるのとともに，子どもへの見かたが変わっていく。子ども服の開発，子ども向けのあそび，性的なものからの隔離など，子どもへの特別なまなざしと「教育的配慮」が与えられるようになったのである。そして，それまで地域や共同体のなかで大人とともに生活していた子どもを，「教育」の対象として家族と学校のなかに囲い込むようになる。

このように，アリエスによれば，子どもと大人が「教育」を媒介とした関係に一元化されるようになったのは，近代以降のことだというのである。つまり，「子ども」と「大人」を分離し，教育的な関係に限定すること自体が，近代的なまなざしによってつくりだされたものなのである。そうすると，学校に通う年数が長くなるほど，子ども期もまた引き延ばされていくことになる。いつからいつまでが子ども期であるかも，社会や時代によって相対的なものなのである。

このようなアリエスの指摘をふまえて考えると，近年の子どもと大人のボーダーレス化現象を，単に子どもが大人びたとか，大人が子どもっぽくなったととらえるのでは十分ではない。そうしたとらえかたの背後には，大人＝成熟，子ども＝未熟，無邪気という二分法が前提として存在しているからである。かといって，子どもと大人を区別していなかった前近代のような社会に戻ったというのでもない。現代の社会では，かつてのように「大人であること」＝「一人前」の基準が共有されているわけではなく，むしろそれ自体が見えにくくなっている。その意味では，子どもへのまなざしそのものが錯綜し，曖昧になっていることが，子どもと大人の関係を見えにくくしているのである。

重要なことは，子どもや大人の実態について論じる前に，子どもとは何か，大人とは何かという定義がどう変化してきたかを問うことである。では，「子ども」へのまなざしはどのように変化してきたのだろうか。

2.「子ども」の発見と教育的まなざし

(1) 教育的まなざしの誕生

　日本の社会において，近代的な「子ども」概念が生まれたのは，明治30年代から大正期にかけての時期といわれている。「子ども」を「大人」とはちがった性質をもつ存在としてとらえ，それに合った教育が意識されるようになるのである。

　まず学校教育においては，国語科の成立，とりわけ綴方（つづりかた）の教育がひとつの思潮となっていくことに，その現れをみることができる。作文指導を中心とする綴方の教育において，それまでの綴方が大人と同じ文体を習得することに偏っていたことが批判され，子どもが自分でみたこと，感じたことを「ありのまま」に書くことが主張されるようになる。子どもの「内面」や「自然性」を，元々子どもの中に備わっているものとしてとらえ，それを表現することが重視されるようになったのである。「大人」とは異なる感覚や内面をもつ「子ども」という概念が顕在化していくことになったといってもいいだろう。

　それと対応して，この時期には児童文学が誕生する。その中心となったのは，1918（大正7）年に創刊された『赤い鳥』という児童向け雑誌である。主催者の鈴木三重吉は，当時広く読まれていた巌谷小波（いわやさざなみ）などによる読み物を俗悪として批判し，「子供の純性を保全開発」するようなより芸術度の高い作品を創作することで，新しい子ども文化を創ろうとした。創刊号には，これに賛同した作家として，泉鏡花，小山内薫，徳田秋声，高浜虚子，野上豊一郎，野上弥生子，小宮豊隆，有島生馬，芥川龍之介，北原白秋，島崎藤村，森森太郎，森田草平，鈴木三重吉ら，当時の第一線の作家の名前が挙げられている。こうした人たちが中心となって，積極的に子ども向けの新しい作品を創作していったのである。

　児童文学の潮流を受けて，その一環として童謡も創作されていった。北原白秋，西条八十，野口雨情といった詩人が歌詞をつくり，それに山田耕筰，本居長世，中山晋平といった作曲家がメロディをつけた。「赤とんぼ」「赤い靴」「月の砂漠」など，よく知られた楽曲が当時，次々と

創られていったのである。これらは，わらべうたや，はやりうたなどの要素を取り込みつつ，西洋風のメロディを織り込んだ，ロマン主義的でモダンなイメージをもった新しいジャンルになった[2]。

　こうした新しい子ども観にたった教育に敏感に反応したのは，新中間層の親たちであった。この時期には，都市部を中心にして新中間層といわれる階層が生まれていた。新中間層というのは，都市化と近代化のなかで成立した新しい階層であり，主として高学歴で近代セクターの職業（ホワイトカラーサラリーマン，官僚，専門職など）に従事する人たちである。新中間層にとって，夫婦と子どもを中心につくる新しい「家庭（ホーム）」は理想であり，その中心に位置づけられたのが「家庭の天使」たる「子ども」である。

　彼らは，共同体での慣習化された子育てとはちがって，子どもがよりよく成長・発達していくように，衛生，栄養，健康に配慮すると同時に，心理的，知的な発達を促すための新しい環境づくりや働きかけに熱心であった。そうしたニーズに応えるものとして，教育玩具や文房具，絵本，童話，児童劇といった子どもの知性や情操を養っていくさまざまな文化財が創りだされ，提供されるようになる。また，着心地のいい子ども服や着替えやすい下着，栄養価の高い手作りのおやつや歯ブラシの習慣など，子どもの健康や衛生に配慮したモノや習慣も現れてくる。子ども部屋が出現するのもこの時期である。

（2）教育玩具の登場

　子どもへの教育的配慮の現われのひとつとして，教育的な玩具の誕生がある。首藤美香子（2012）によれば，1890年代末頃から，新しくできつつあった「家庭（ホーム）」をターゲットとして，「教育玩具」の販売合戦が繰り広げられるようになったという。それまでは，玩具は子どもの身近に置いておく「手慰み」や「お守り」であったのが，幼稚園を経由して家庭のなかにはいり，「教育的玩具」になっていったというので

2）周東美材『童謡の近代—メディアの変容と子ども文化』岩波書店，2015年

ある[3]）。

　教育玩具が「家庭（ホーム）」に入っていったのは，児童文学のなかに教育的なこども観が現れる時期とも対応している。さらに1920年代になると，玩具生産はひとつの産業になり，親たちの購買意欲を掻き立てるようになる。

　このような「子ども」向けのモノに対する消費の欲望については，幼児教育の専門家からは批判的なまなざしも向けられていたようである。当時，幼稚園教育のリーダー的存在であった倉橋惣三は，「近来は子どもばやりの世の中である。子どものことに興味を持つ人が多くなり，子どものこと、いへばもてはやされる。子どものことに冷淡無頓着な世の中に較べれば，一応結構なことに相違ない。しかし，流行によつて行はれることには，根拠の浅いもの，真面目の乏しいものが多い。近来の児童流行にも，それが流行である点に於て，其の傾向がありはしないであらうか」[4]と述べている。軽佻浮薄な教育熱に苦言が呈されるくらい，教育的なモノが教育熱心な家庭のなかに取り入れられていくようになったのである。

　1922（大正11）年に創刊された『コドモノクニ』（東京社：現ハースト婦人画報社）は，オールカラー印刷でつくられた子ども向け月刊絵雑誌である。この雑誌には，子どもの玩具やお噺が豊かな色彩と魅力的な構図で表現された作品が数多く掲載されている。たとえば，図1の絵をみると，子ども部屋のしゃれた机の上にさまざまなスタイルの服を着た人形や動物のぬいぐるみが置かれ，棚には児童文学全集や絵本，カタカナや数の計算を覚える知的玩具が並んでいる。また壁には，子ども自身が書いた絵も飾ってある。憧れのモノや楽しそうな勉強道具が，洋風でおしゃれな子ども部屋のなかにぎっしりと詰まっているのである。

　『少女世界』の主筆であり，また当時女学校の校長でもあった沼田笠

3）首藤美香子「玩具の誘惑，玩具の呪縛―1920年代から30年代の『児童文化』をめぐって―」太田素子, 浅井幸子編『保育と家庭教育の誕生1890―1930』藤原書店, 2012年
4）首藤, 前掲書, 2012年, 219頁より引用

峰は、この絵雑誌の推薦文のなかで、「『コドモノクニ』に納められている絵は皆芸術的であります。つまり、子供の世界を現実的に現はさないで詩的に潤飾して現はしてあります。これは、気ままな　自由な　独創的想像の世界に住む子供によく適したものであります」(『コドモノクニ』1931年5月号、4頁)と紹介している。たしかに、ここには子どもにとっても大人にとっても、モダンで豊かな子ども時代への憧れと欲望が表象されているのをみることができる。

図1　子どもの部屋（画：岡本帰一「ボクノオ室」『コドモノクニ』（東京社：現ハースト婦人画報社）1931年5月号）より

(3) 子どもへのまなざしの交錯

　大正デモクラシーの下で展開していった子ども中心の教育は、発達段階に合った自然な教育、個性主義、自立の精神をその理想としていた。しかし、その内実は必ずしも明確ではなく曖昧なものであった。「子どもらしさ」とは何か、どのような教育が「子ども」の自然性を大切にしながら伸ばしていくことができるのかなど、「子ども」をめぐる議論が数多く生み出されるが、そうした議論自体が「子ども」という存在を自

明のものとして成立させていくことになったのである。

 その一方で,子どもへの教育的まなざしを表象するモノや空間は,数多く創られ市場を通して広く流通していった。子ども向けの玩具や文具,童話,童謡,子供服などが人気を得るようになったが,そこには相異なる期待や願望が内包されていた。子どもをよりよく育て社会で成功させたいと願う親の願望,芸術性の高い児童文化を創造し広めたいという文学者や芸術家の野心,子どもの童心に訴えるモノを生産する市場原理や消費の欲望を煽るメディアなど,さまざまな欲望や利害が交錯していたのである。

 抽象的な「よりよい教育」というイメージのなかで,子ども向けの玩具や童話,童謡などが市場を通して広く流通していったが,そこには子どもの無垢と消費の欲望という,一見相容れない価値が併存していた。また,子どもに「よりよい教育」を与えるためにそうしたモノを買い揃えていった大人自身にも,消費の欲望やそれによって満たされる西洋的で文化的な生活への憧れがあった。「郷里の土着的な文化とは異質の西洋的な趣味を取り入れた合理的な『文化生活』」[5]は,階層的な上昇という大人の願望と消費の欲望を結びつけるものでもあったのである。

 「子ども」をめぐるモノにはこのように相互に矛盾するさまざまな欲望が交錯していたが,それらは「教育的配慮」ということばのもとに曖昧に包み込まれていたのである。

3.「子ども」と「大人」関係の変容と現在

(1) 不安の表象としての「子ども」

 教育の対象としての「子ども」の発見とそれにともなう教育的なモノやメディアの展開には,子どもの願望だけでなく大人の欲望や利益が交錯し,そのなかには矛盾やジレンマが内包されていた。しかし,子ども中心主義イデオロギーのもつ曖昧さと強固さによって,そうした矛盾や

---

5) 首藤,前掲書,251頁

欺瞞が顕在化することなく維持されていったということができるだろう。むしろ，そうした子ども観やそれに基づいた「子ども」と「大人」の関係は，戦後になってより意識され広がっていった。

しかし1980年代あたりから，「子ども」をめぐる議論に変化が起こってくる。「子ども」に「よりよい教育」を与えることによって「よりよい未来」を託すという期待が社会の規範として浸透していった時期に，その前提を揺るがせるような現象が取りざたされるようになったのである。いじめや自殺，大人や教師への暴力といった現象が社会的に注目されるようになり，「子ども」が変わったという言説が現れるようになったのである。また，この時期あたりから高度消費社会とメディアの多様化が展開するのにともなって，子どもを従来のような「子ども」の枠組みのなかでとらえにくくなってきたと同時に，「子ども」と「大人」の関係に変化が生じているという指摘もなされるようになった。

しかしこうした語りは，「子ども」の実態が変化したという以上に，社会が大きく変容していくことへの不安が映しだされている面も少なくない[6]。「子どもが変わった」「子どもがみえにくくなった」という言説は，そうした「大人」の側の不安を表象するものとみることができるのである。

さらに近年は，消費社会の進展やメディアの多様化による子どもと大人の関係のフラット化ないしはボーダーレス化のなかで，「子ども」を「教育」の対象として囲い込んでおくことができなくなりつつある。つまり，「教育」の媒介を前提としてきた「子ども」と「大人」の関係そのものも揺らぎはじめているのである。そういう社会的背景のなかで，従来のような「子ども」への期待や「不安」の表象とはまた異なる「子ども」と「大人」の関係が語られるようになった。

(2)「オトナ帝国の逆襲」

そのひとつの例として，『クレヨンしんちゃん　嵐を呼ぶ　モーレツ！

---

6) 元森絵里子『「子ども」語りの社会学』勁草書房，2009年

オトナ帝国の逆襲』（2001）を取り上げてみよう。この作品は，人気マンガの『クレヨンしんちゃん』をもとにした映画版の9作目で，公開後，高い評価を得た作品である。最初は，子どもに付き添って映画をみた大人たちの間で評判になり，それが広がって評論家や批評家の間でも絶賛されたという。

　ここでは，子どもと大人の重層的かつ転倒した新しい関係を，昭和ノスタルジアという枠組のなかに読み込んだ日高勝之の論にそって，その意味を検討していくことにしたい[7]。

　まずこの映画のストーリーについて，日高による簡潔な紹介をそのまま引用しておこう。

　主人公の幼稚園児・野原しんのすけが暮らしている埼玉県春日部市に巨大なテーマパーク『20世紀博』が作られた。『20世紀博』は，大阪万博や昭和30年代，40年代の街並み，文化，風俗が再現されるとともに，それら当時のもの以外を全て排除することが目指された空間であった。しんのすけを含め子供たちは関心を示さないが，地域の大人たちは懐かしさから夢中になっていく。

　そしてある日，大人たちが忽然と姿を消してしまい，子供だけが町に残されてしまう。これは『20世紀博』を運営する「イエスタディ・ワンス・モア」という秘密結社による仕業であった。「イエスタディ・ワンス・モア」は，現代の21世紀を否定し，大人たちを大阪万博前後の子供の頃の時代に戻して，「古き良き20世紀的な価値観」だけに依拠する「オトナ帝国」的な社会の建設を目論んだのである。

　彼らは，大人たちの当時への懐かしさを利用して，『20世紀博』に大人たちを誘い込み，外に出られなくしたのである。子どもたちは，「イエスタディ・ワンス・モア」から投降することを求められるが，しんのすけらはこの組織の目論見に気づき，両親を取り戻すために，『20世紀博』

7）日高勝之『昭和ノスタルジアとは何か　記憶とラディカル・デモクラシーのメディア学』世界思想社，2014年

に侵入する。『20世紀博』のなかは,「イエスタディ・ワンス・モア」によって開発された当時の「懐かしい匂い」が充満しており,そこで大人たちは,我を失い当時の懐かしさにひたる一種の陶酔状態に陥っていた。しんのすけらは,「なつかしい匂い」から大人たちを覚醒させるために,大人の靴下の悪臭を両親に嗅がせることを試みる。その結果,彼らは正気に戻っていく。

なおも「イエスタディ・ワンス・モア」はしんのすけら家族を誘惑しようとするが,しんのすけらはそれを必死の抵抗で払いのける。しんのすけらの「家族の絆」の強さを認識させられた「イエスタディ・ワンス・モア」のリーダーのケンとチャコは,自分たちの計画実施が無理なことを悟る[8]。

(3) 反転する関係

日高によれば,このストーリーのナラティブ構造には,いくつかの二項対立（敵対性）が埋め込まれているという（同書,361頁）。まず「過去」対「現在」。「過去」は大阪万博,東京タワーなど『20世紀博』のなかにしつらえられた昭和30年代から40年代であり,それが21世紀初頭の「現在」と対比されている。それに重なる形で,「過去」を懐かしがる「大人」対「現在」を生きる「子ども」という対比がある。「過去」と「現在」に埋め込まれているのは,「心」＝「過去」対「モノ」＝「現在」という図式である。それは「イエスタディ・ワンス・モア」が仕掛けたものだが,「昭和ノスタルジア」を語る言説によくみられるステレオタイプの語りでもある。

ところが,この作品の面白いところは,「心」＝「過去」対「モノ」＝「現在」という対立図式には矛盾や転倒が存在していることだという。というのは,『20世紀博』のなかには,当時の文化や風俗,商品などの「モノ」が充満しており,そこに出かけていった「大人」たちも当時の「匂い」に満ちた「モノ」に夢中になっているからである。逆に,しんのす

---

[8] 同書, 358～359頁

けら「現在」に生きている「子ども」たちは,「モノ」への執着に染まっておらず,むしろ「大人」たちを「モノ」への執着から目覚めさせようとするのである。

さらに,「過去」に執着する「大人」が,本心では「モノ」にとらわれながらも「個の自由」,「個の解放」を唱えるのに対して,「子ども」たちは「個」より「家族」,「自由」より「絆」が大事だと諭す。「普通は,親が子供を教育し,守るのが常であるが,この映画では,子供,しかも幼児が親を啓蒙し,救済している」[9]のである。

このように,この映画のなかでは「大人」対「子ども」,「過去」対「現在」,「心」対「モノ」といった対立図式が重層的に組み込まれていて,かつそれらには一般的な言説のなかで流布されているのとは逆転した矛盾や転倒が含まれているのである。

日高は,この矛盾した対立構造について,当時の現実の社会的状況が「政治の季節」であると同時に,高度消費社会に入りつつある時期にあったことと重ねて解読している。まず「大人」たちのなかには,一方では「心」によって大衆消費社会に抗しようとする理想(自己像)をもちながら,同時に一方ではその消費社会が誘惑する「モノ」の虜になってしまう自分(自画像)という矛盾が存在する。その自己矛盾は,「『心』の復権を唱えながら,彼(ケン)が取り戻そうと試みているのは実のところ,モノ消費であれ,象徴消費であれ,所詮は『モノ』に過ぎない点にある」[10]のである。

大人たちは,そうした矛盾を内包した「過去」に半ば気づきながら,そのなかに耽溺してしまいそうになる。そういう「大人」を救うのが,しんのすけら「子ども」である。子どもたちのほうが,豊富な「モノ」に囲まれた生活であるにもかかわらず,その魅力に捕らわれているわけではない。そして,消費の誘惑に引きずられながら「個の自立」を守り札のように唱えていた「大人」たちに対して,しんのすけらは「家族」「絆」

---

9) 同書,364頁
10) 同書,370頁

の大切さを呼びかける。「子ども」たちによって，過去の自分の子ども時代の「自己像」と「自画像」の矛盾とそれへの固着から解放されることによって，「大人」たちはかつて夢見て挫折した「心」の充実をようやく実現するというのである。

　このような解読は，この映画をみて感動した大人オーディエンスの感想や評価とも対応しているという。この映画をみて大人たちが感激して泣いたのは，「古き良き時代」への単純な郷愁ではなく，むしろそれへのアンチテーゼに共感したからだというのである。この作品が想定しているのは1970年代の日本だが，近年の「子ども」と「大人」の関係の変容の意味を映しだすものとしてみることができるだろう。

　近代社会からポスト近代社会へと社会が変化していくのにともなって，子どもと大人の関係も「教育」だけに限定される関係ではなくなりつつある。そのなかで，子どもの目から隠蔽していたはずのさまざまな矛盾や欺瞞がおもてに顕在化してきた。「子ども」との関わりかたにとまどいも生れる。「オトナ帝国の逆襲」は，そうした「子ども」と「大人」の関係のなかに生じる反転や転倒を柔軟に受けとめる社会への願望を描いているといえるのではないだろうか。

（4）「子ども」と「大人」の関係のゆくえ

　近代的な「子ども」へのまなざしは，教育的な保護と配慮の網の目のなかに子どもを囲い込んでいくさまざまな文化装置をつくっていった。童心を賛美する児童文学，童謡，絵本，玩具など，大量の「モノ」が作られ消費されていった。そこには，個性，自立，創造性の涵養といった新しい時代の子育ての理想が込められていると同時に，現実にはそれが従順に親や教師の誘導や指導にしたがう「良い子」へと誘導していくものであるという矛盾や，子どもの「自然性」を賛美しながらも消費の欲望を煽るといった矛盾が隠蔽されつつ維持されていたのである。もちろん，そうした教育的な配慮の網の目のなかでも，子どもたち自身が紡いでいった文化も存在していた。

　しかし，「子ども」と「大人」の分離が自明でなくなりつつある現代

では、「子ども」へのまなざしに内包された矛盾やジレンマもおもてに顕在化しやすくなっている。たとえば、自立しようとしても正規雇用の職業が簡単には得られないという経済の状況は、大人になろうとしてもなれない現実の壁になっている。

そうした社会的背景のなかで、一方では「大人になること」を前提としないような文化が広がりつつある。たとえば、高度消費社会の展開による「かわいい文化」の世代を超えた広がりはそのひとつであろう。かつては少女たちのサブカルチャーとみられていた「かわいい文化」がメディアを通して広がっていくと同時に、「クール」な文化としてグローバルな消費の対象になりつつある。「成熟しないこと」が、ひとつの文化として称揚されるようになったのである。

また、多様なメディアの展開によって、過去と現在が同じ土俵に置かれ、大人も子どもも同じ文化を共有する対等な関係になりつつある。そうした現象は、「子ども」との関係にとまどいを感じさせると同時に、新しい関係性や未来への予感をもたらすものでもある。

「子ども」と「大人」の関係は、はじめは未来への期待の表象として、そして1980年代あたりからはそうした安定した関係やその前提が揺らいでいくことへの不安の表象として語られてきた。さらに近年は、あらゆる社会関係が流動化していくなかで、新しい社会への願望を読み込む表象として、「子ども」と「大人」の関係が新たに語り直されつつあるといえるだろう。

研究課題

・「友だち親子」はどのようなものだろうか。CMや映画、小説、「母の日」「父の日」特集の雑誌や新聞記事などをヒントに友だち親子のイメージを探してみよう。また、親子関係にフラットでない部分があるとすれば、それはどのようなところだろうか。考えてみよう。

・「子どもらしさ」はどのような性質のことをいうのか、考えをまとめてみよう。それは、子どもへのどのようなまなざしと結びついているの

かについても考えよう。
・大人と子どもの間に位置する存在として、「青年」や「若者」という概念を挙げることができる。「勤労青年」や「新人類」など、青年や若者を指す言葉をひとつ選び、それがどのような人々として語られたのか調べてみよう。

参考・引用文献

天野正子，石谷二郎，木村涼子『モノと子どもの戦後史』（吉川弘文館，2007年）
P. アリエス，杉山光信・杉山恵美子訳『〈子供〉の誕生—アンシァン・レジーム期の子供と家族生活』（みすず書房，1980年）
日高勝之『昭和ノスタルジアとは何か　記憶とラディカル・デモクラシーのメディア学』（世界思想社，2014年）
広田照幸『教育言説の歴史社会学』（名古屋大学出版会，2001年）
井上俊他編『岩波講座現代社会学12：こどもと教育の社会学』（岩波書店，1996年）
元森絵理子『「子ども」語りの社会学—近現代日本における教育言説の歴史』（勁草書房，2009年）
M. ペロー，赤司道和訳「社会が若者に怖れを抱くとき—19世紀のフランス」（『思想』772, 112～114頁）
沢山美果子『近代家族と子育て』（吉川弘文館，2013年）
柴野昌山編『しつけの社会学』（世界思想社，1989年）
周東美材『童謡の近代—メディアの変容と子ども文化』（岩波書店，2015年）
首藤美香子「玩具の誘惑，玩具の呪縛—1920年代から30年代の『児童文化』をめぐって—」太田素子，浅井幸子編『保育と家庭教育の誕生1890—1930』（藤原書店，2012年）
渡部周子『〈少女〉像の誕生』（新泉社，2007年）

3 「教育する家族」の誕生と変容

　日本において,「子ども」を特別な教育的配慮の下で育てようとする「教育する家族」が誕生するのは,大正期になってからである。本章では,「教育する家族」の誕生と変容を軸に,現代の家族と子育てをめぐる文化について考察する。まず,大正期に成立したといわれる「教育する家族」の特徴とその心性をあとづけ,それが戦後になってどのように広がり変容してきたのかをみていきながら,現代の家庭と教育をめぐる諸問題について考えていきたい。
【キーワード】「教育する家族」,新中間層,童心主義,育児不安,ペアレントクラシー,父親の育児参加

1. 子育ての習俗と文化

「一人前」になること

　第2章でも述べたように,大人とは異なる「子ども」という観念が近代家族の成立とともに「発見」されたものだという見かたは,フィリップ・アリエスの『〈子供〉の誕生』[1] 以降,広く知られている。アリエスによれば,大人とはちがって無垢で無邪気な存在である子どもを特別な愛情と教育的配慮のなかで育てようとする心性が生まれる以前は,ごく幼少期を除いて子どもを大人と質的に異なる存在として区別するみかたはなく,早くから大人社会のなかで社会生活をともにしていたという。居酒屋への出入りや性にまつわる冗談などを子どもの目から隠すということもなく,子どもは大人と一緒に生活していくなかで自然に一人前になっていったというのである。

---

1) みすず書房,1980年

日本においては，このような近代的な「教育」を強く意識した家族が誕生するのは大正期（1910～1920年代）以降である。既に近世には，子どもを大人とは質的に異なる存在としてみるような意識が生まれていたという指摘もあるが，子育ての目標はあくまでもムラや共同体に適応することであり，家族だけでなく共同体ぐるみで子育てやしつけに関わっていたのである。

　こうした伝統的な子育ての目的は「一人前」になることであった。「一人前」とは，共同体の規範やルールを身につけ，大人としての役割を果たせるようになることである。

　「一人前」の条件は，共同体のなかでフォーマル，インフォーマルに決まっていた。たとえば，結婚して家庭をもつことが「一人前」という場合も多かったが，そういう社会では独身者はいくつになろうが「半人前」である。あるいは，商家などでは仕事をしっかりと身につけて独り立ちできる力量ができたら「一人前」ということもある。家業を継ぐとか暖簾分けで店を出すなどがそれにあたる。このように，伝統的な子どもの教育やしつけの目標は，ムラや共同体が共有するパターンや規範を身につけることであり，その意味では子どものしつけや社会化は，集団への適応とほぼ同義だったということができる。

　そのしつけの特徴は，まず「教える」よりも「見習う」，つまり見よう見まねで覚えていくことを基本としていたことにある。見習う対象は親だけでなく，共同体の大人がモデルになっていた。大人たちのすることを模倣しながら，成熟した一人前の大人として必要な型を身につけていったのである。「習うより慣れろ」というように，身体で覚えることを重視するのもそれを示している。

　また，共同体に適応し，皆と同じようにふるまうことが大切で，他者とちがったことや目立つことはあまり好ましいと思われなかった。個性や独自性よりも，共同体のなかで浮かないことのほうが重視されていたのである。柳田國男が見出した「笑い」の教育は，そのためのひとつの方法である。「笑い」の教育というのは，子どもが何か失敗をしたりルール違反をしたときに，諺のような短くしかも笑いを誘うようないいかた

で諫めるというやりかたである。笑われることは，共同体のなかで恥をかくことである。素朴な若者は「二度と再びこのような辛い目を見ぬように，心に沁みてその問題の諺を記憶したのみでなく，他の多くの笑いつつこれを聴いていた者も，実は内心にその軽妙な文句の威力を感じて，少なくとも同じ諺によって，自分も笑われることのないようにだけは警戒していた」[2] という。子どもも若者も，共同体のなかで笑われないように行動することで規範やルールを身につけていったのである。

2.「教育する家族」の誕生

(1) 新中間層の教育意識

しかし大正期になると，それまでのように既存の社会や職業集団への適応を通して一人前になるだけでなく，子どもによりよい教育を与えて「人並み以上」に育てようとする教育意識の高い家族が出現する。それが都市化と近代化のなかで成立した新中間層の「教育する家族」である。彼らは，農家や商家の家督を継いで階層を維持していく旧中間層とちがって，教育（学歴）が自らの地位を築いていく上で重要であり，したがって子どもにもよりよい教育を与えることに熱心であった。

この時期は，中等教育から高等教育へと学校教育制度が確立するとともに，それによって社会的上昇のルートが順路として定着していく時期（学歴社会の成立期）でもある。家督はもたないが「教育」によって身を立てた新中間層の人たちにとって，子どもをよりよく育て，教育的配慮のもとに勉強を奨励し学歴をもたせることは，階層の安定的な維持にとっても重要である。中等教育，高等教育が拡大し学歴社会が成立していくなかで，いち早く教育の重要性を認識していた新中間層の親たちは，学校に高い価値をおき，子どもが学校でうまく適応してよい成績をおさめられるように熱心にサポートする「教育する家族」になったのである[3]。

---

2) 柳田國男『不幸なる芸術・笑いの本願』岩波文庫，1979年，95頁
3) 広田照幸『日本人のしつけは衰退したか』講談社現代新書，1999年

では，この新しい「教育する家族」とはどのような家族だったのだろうか。その特徴は，まず子育てや教育が家族内で行われるようになったことである。愛情の絆で結ばれた夫婦と子どもを軸とする近代家族の形態のなかで，新中間層の親たちは，自分たちの手で子どもを育てようという意識をもつようになった。それは，ムラや共同体にしつけを委ねないという意味では農村の子育てとはちがっていたし，また女中や子守などの使用人に子どもの世話を任せず，自分で直接子どもを見守り育てるという意味では，上流階級や豪商・豪農の家庭とも異なっていた。

　とくに，当時次々と出版された医学書や育児書，しつけのマニュアル本などでは，母親が子育ての中心になることが強調されていた。新中間層の母親たちにとっても，伝統的な子育ての慣習よりも，育児書や育児雑誌が提供する科学的，合理的な出産や育児法のほうが，魅力的に映ったのである。

　こうした新しい子育てへの志向や関心をもった母親の出現には，女学校が重要な役割を果たした。1910～1920年代にかけて，全国に高等女学校が創設され，女学校への進学が拡大していった。高等女学校においては，新しい時代の家庭婦人の養成を理念として，一般教養と並んで科学的で合理的な家政の時間数が多く設定されていた。当時，女学校に進学できたのは，同年齢の女子のなかではごく限られた層ではあったが，新中間層の家庭婦人になっていったのは，主にこうした女学校卒の教養ある家庭婦人だったのである。

（2）育児書の特徴と母親の教育意識

　では，新中間層の親たち，とくに母親がモデルとした子育てはどのようなものだったのだろうか。日本教育史の澤山美果子は，新しい子ども観，家族観，教育観を広める上で影響力の大きかった育児書として，鳩山春子の『我が子の教育』（婦女界社，1919年）と，田中芳子の『親こゝろ子こゝろ』（同文館，1925年）を挙げている[4]。

4）澤山美果子「教育家族の誕生」編集委員会編『〈教育〉―誕生と終焉』藤原書店，1990年

鳩山春子は，明治維新より6年前（1861年）に長野県で生まれ，鳩山和夫（衆議院議長，東京専門学校長，法学者）と結婚し，のちに首相となる鳩山一郎と東京帝大教授となる鳩山秀夫の母として，明治後半から大正期にかけて良妻賢母のモデルのようにみなされた女性教育者である。田中芳子も，府立第一高等女学校卒で科学的な育児を主張して「親こゝろ子こゝろ」という育児書を出版した。

　鳩山も田中も新中間層のなかでもエリート層であった。ふたりの出した育児書は，1920年代に現れた新中間層の母親たちに具体的で実践的な育児のモデルとして提示されたものであり，また外国の育児書の翻訳ではなく，日本の母親によって書かれた教育論の最初のものでもある。いずれも自分の子どもたちは既に成人しており，しかも「秀才ぞろい」という評価を受けており，その意味でも育児の成功モデルとして大きな影響力をもっていたのである。

　これらの育児書の特徴として，(1) 育児と子どもの教育の担当者としての母親　(2) 生活全体の教育化　(3) 学校教育との連続性を挙げることができる。まず，地域共同体や姑，家父長としての父親が子どもの教育を含む家内の決定権をもっていた伝統から，母親を育児と教育の主たる担当者として自覚させていくという意識が強くなった。これは性別役割分業を前提とする近代家族のスタイルの出発でもあるが，時代的にみれば女性の自立と地位の向上をともなうことでもあった。

　もうひとつは，周りの人からはみだしたり笑われないようにという「一人前」をめざしたムラの教育（共同体的平等主義）に対して，子どもの人格を尊重してその解放と自立をめざす教育＝人格の完成をめざす教育が強調されていることである。「人格の完成」という教育のために具体的に提言されている教育方法は，生活のあらゆる側面を教育の一環としてみるようなやりかたである。玩具，あそび，いたずらなども「子どもの発達」という観点からその意味が説かれ，「あそびのなかの学習」，「玩具による学習」というように，勉強を強制するのではなく，学習環境を整えることで「自然に」勉強へと誘導することが奨励されている。

　このように，育児書のなかでは，家庭教育が養育や基本的なしつけに

とどまらず，子どもの将来をめざして意識的・戦略的になされるべきことが強調されている。しつけの目的は「人格の完成」であって子どもを抑圧するものではないという近代的な教育理念のもとに，「遊びのなかの教育」や「教育環境を整える」など，生活全体の教育化が積極的に勧められているのである。

しかしだからといって，好きなことを自由にさせるという放任主義ではなく，子どもが自発的に興味をもって学習するように仕向けること，その上で競争に伍していきながら学歴の階梯を上っていくことが理想とされるのである。つまり，人格形成と学力形成を統合した育児観，教育観なのであり，それは競争社会のなかで勝ち抜き生き残っていくための戦略でもあったのである。

いいかえれば，家庭教育は学校教育と連続的なもの，あるいは学校教育を補助・補完するものとして位置づけられる。家庭教育と学校教育の連続性という第3の特徴である。新中間層の家庭教育においては，家庭が学校と同じ価値を共有し，それを支えていくことで，学校と社会で勝ち抜いていくことが目指されたのである。

(3) 父親の教育意識と再生産戦略

このように，育児書や育児雑誌などが提供する子育て方法や教育観は，新中間層の教育戦略と適合的なものであり，その中心的な担い手として母親の役割が重視されていた。しかし，現実のしつけや家庭教育においては，父親の役割もかなり大きかったようだ。多賀太（2016）によれば，新中間層の家庭では，母親が日々配慮の行き届いた家庭教育を担っていたものの，その教育方針を決定する上で父親が果たした役割も大きかったと指摘している[5]。とくに，子どもの将来を方向づける進路や職業選択において，父親が，学歴・資格の取得を通して子どもの地位形成を促すような教育戦略（「一般的地位達成」）を積極的にとっていたという。

---

5) 多賀太，山口季音「近代日本における家族の教育戦略に関する一考察—旧中間層と新中間層の比較を中心に—」『関西大学　文学論集』第65巻，2016年，135〜136頁

それが，新中間層としての地位形成・維持のための有効な戦略であることを認識していたからである。

このように，新中間層の家庭では，父親と母親の両方が積極的に子どもの教育に関与する「教育家族」がつくられていったとみることができるのである。

（4）童心主義と学歴主義

ところで，新中間層の子ども観，教育観のなかには，このような競争主義的・学歴主義的な教育観と同時に，子どもの童心を大切にして可愛がるという童心主義も存在していた。

童心主義とは，鈴木三重吉が大正7年に創刊した雑誌『赤い鳥』を中心とした大正期の児童文学に特徴的に現れる，子どもの無邪気さや無垢さを大切にする心性である。

『赤い鳥』創刊号の巻頭言には，「現在世間に流行してゐる子供の読物の最も多くは，その俗悪な表紙が多面的に象徴してゐる如く，種々の意味に於て，いかにも下劣極まるものである。こんなものが子供の真純を侵害しつつあるといふことは，単に思考するだけでも恐ろしい」と述べられている。子どもを取り囲む「俗悪」で「下劣極まる」大衆文化を，大人が隅々まで細やかに行き届いた教育的配慮で予め排除しておき，幼いうちから真の芸術にふれさせることによって，生来「真純」な子どもの美的情操を涵養しようとしたことがうかがえる。北原白秋，西条八十らの童謡や唱歌にもその心性は表われている。

そこには，勉強ができなくても体が弱くても，素直でピュアな童心をもっていることを大切にしようという感覚や考えかたが色濃く表れており，いわば競争主義的で手段的な教育観とは反対の子ども観，教育観にたっている。新中間層の親たちがその両方を受容したのはなぜだろうか。

新中間層は，全階層からみればごく少数であったが，そのなかでみれば1910年代から20年代にかけてやや大衆化していくという状況があった。つまり，新中間層が少数であるがゆえに学力を身につけることでエリート層に上昇できるという見通しをもち，それが現実になる条件がそ

ろっていた状態から，エリートの可能性が制度的には準備されてはいるものの，現実には大衆化のなかでそれが実現できないこともあるような段階に移行していく時期である。

　澤山は，新中間層の教育的心性の特徴として，競争社会のなかで教育によって勝ち残っていくことをめざす「学歴主義」の教育観が根付く一方で，それとは一見矛盾する「童心主義」が並存することの矛盾を，この微妙な変化によって説明している[6]。この一見学歴主義とは相容れない童心主義が新中間層の心をとらえたのは，1920年代に入って，新中間層のあいだで教育的な子育てと学力競争が広がり，その体験が成功と失敗に分化していく時期だったからだというのである。

　当時，新中間層の親たちの多くは子どもの教育に熱心だったが，必ずしも自分の子どもが学力競争や学歴競争の勝者になるわけではないことも意識するようになっていた。また，競争が子どもにとって必ずしもいいことではなく，弊害もあることに気づきはじめてもいた。自分の子どもが学力競争に勝ち抜けない場合には，それがマイナスに作用することも起こっていたからである。

　社会的成功やステイタスとは異なった次元，つまり子どもの内面や心という学力では測れない部分を評価し，子どもの存在自体を賛美する「童心主義」は，そうした親の意識に適合するものだった，と澤山は指摘している。わが子が必ずしも社会的成功やステイタスと結びつく学力競争の勝者になれないとしても，それとは別な価値があるとする童心主義の見かたは，敗北感を埋め合わせる上で有用なものだったのである。

3.「教育する家族」の広がり

(1) 戦後の「教育する家族」

　しかし，大正期の新中間層のように子どもの教育に熱心な家族は，全体からみればごくわずかであった。子どもを教育的な配慮のもとで育て

---

6) 澤山，前掲書

ようとする意識が大衆レベルで広がっていくのは戦後になってからである。戦後は家制度がなくなったことによって，家父長制的な家族規範から近代家族の規範が一般化していくようになった。こうした変化には，戦後日本の社会状況のさまざまな変化も手伝っていた。

　まず家族をめぐる大きな変化は，出生率の急速な低下である。新中間層が現われた1925年には5.1であった出生率が，1957には2.0まで下がっている（ただしベビーブーム期は一時的に増加）。それにともなって，家族規模が縮小し，核家族化が進んでいった。

　さらに1950年代後半以降は，高度経済成長にともなって都市化と産業化が進展し，都市部に労働力が集中するようになっていった。この都市部の新中間層の家族においては，結婚した女性の多くは専業主婦として家事と育児・子どもの教育に専念するようになっていった。母親は，子どもの家庭学習を手伝ったり本の読み聞かせをしたりするなど直接子どもの教育にかかわるだけでなく，学習塾や稽古事に通わせるといった形で外部の専門機関にも教育的な関心と配慮を広げていった。親（とくに母親）が子どもの教育に積極的に関わろうとする「教育する家族」が大衆レベルで拡大していったのである。

（2）育児雑誌の隆盛

　「教育する家族」の中心的な担い手となった母親が，育児のモデルとして参照したのは育児書や育児雑誌であった。なかでも1960年代以降の育児書の代表格としてあげられるのは，『スポック博士の育児書』（アメリカでの初版1945,1966年に翻訳）と『日本式育児法』（松田道雄，1964年）である。スポックは欧米式の科学的育児法を軸にしており，松田は科学的育児法を基礎としながらも日本の伝統的育児に存在した合理的な育児法も取り入れている。

　さらに1960年代後半には，『赤ちゃんとママ』（1966年創刊）や『ベビーエイジ』（1969年創刊）など，大衆育児雑誌が次々と創刊され，育児をめぐるさまざまな情報が提供されるようになった。この2誌は，創刊以来，子どもの数の減少にもかかわらず部数を伸ばし，70年代末には両誌

の発行部数の合計は33万部に達している。

　天童睦子（2004）によれば，これらの雑誌の記事には次のような内容が含まれていた。（1）食事，衣服，しつけなど日常的・具体的な育児方法（2）発育，病気，心理など専門家による科学的育児知識（3）母親の疑問や悩みの共有と相談である。親族や地域の伝統的な子育てネットワークから切り離されつつある専業主婦層の母親をターゲットとした育児雑誌は，大衆的ニーズに応えるものとして広がっていったのである[7]。

　その後も，『P. and』，『Balloon』，『たまごクラブ』，『ひよこクラブ』などが発刊され，1990年代半ばには年間発行部数が2000万部を超えるまでになっている。

（3）育児不安と母親批判

　しかし，「教育する家族」のイデオロギーが広がり，母親がその担い手として期待されるようになることは，一方で母親に育児の責任者としてのプレッシャーを与えることになり，育児不安を増幅させることにもなる。育児雑誌などを通じてさまざまな育児情報が手に入るようになって，子育てへの安心感が得られる一方で，自分の子どもが標準からずれているのではないかとか，他の子どもより遅れているのではないかといった不安を感じる母親も現れる。育児雑誌やラジオの教育相談のコーナーなどにはそうした悩みや不安が数多く寄せられ，なかには育児ノイローゼのような状態になるケースも報告されるようになる。

　また，新聞や雑誌などのメディアでは，子どもの教育に熱心すぎる母親が「教育ママ」として批判されたり，逆に子どもへの教育的配慮に賭ける母親に対しても厳しい目が向けられたりするようになる。

　こうした母親への批判は，必ずしも問題のある母親が増えたということではない。家庭教育の実態を示すというよりも，批判によってその役割と責任を確認し，「教育する家族」のイデオロギーを補強する機能を果たした面が大きかったのである。

7）天童睦子編『育児戦略の社会学』世界思想社，2004年，28頁

4. 多様化する家族と家庭文化

(1) 多様化する家族

　1970年代以降になると，高度経済成長が頭打ちになり，オイルショックによる不況や低成長の時代を迎えるという経済的，社会的な変化のなかで，家族のありかたや働きかたにもさまざまな議論がおこるようになった。

　ひとつは，核家族化が進むなかで，「家庭の教育力の低下」や「しつけ喪失」など，家庭教育の危機がさらに論じられるようになったことである。とくに批判されることが多かったのは，「しつけや教育の外部化，専門機関への委譲」による家庭の教育機能の縮小ないし衰退である。たとえば，食事は外食，勉強は塾，しつけはスポーツクラブといった教育の外部委託が，家庭教育の縮小として批判された。「手づくりのお弁当」「一緒に夕食」「家族団欒」「川の字で寝る」ことなどが称揚されたのも，同じ時期である。

　たしかに，子どもの学校外活動に関する調査等をみると，塾や習い事の教室などの教育産業は，戦後になって大きく拡大している。家庭教育の外部化，専門機関への委譲という意味では，家庭の教育機能は縮小しているようにみえる。しかし，直接教えることはしなくても，何をどのくらい子どもに習わせるのかを選択し決定するのは親である。広田照幸は，教育の外部化が進んでも，子どもの教育に関わる「ジェネラル・マネージャー」としての親の役割と責任はむしろ大きくなったと述べている[8]。

　実際，夫婦共働きや単身赴任など家族のありかたが多様化し，生活時間も一律ではなくなるのにともなって，それぞれの家族が家庭の事情に合わせて創意工夫している面も少なくない。外食を例にとってみても，家族によってその利用のしかたはさまざまである。普段，家で同じ時間

---

8) 広田，前掲書，1999年

に食事をとることができない場合には外食が「家庭団欒」の場として意識的に利用されていたり，逆に普段は手軽な食事の場として外食を利用しながら，誕生日や記念日には家庭で「手作り」の料理を囲むという家族もある。各家族が状況に合わせて創意工夫しながら，「家庭文化」を維持しているのである。

（2）父親の育児参加

一方，父親の育児参加をめぐる議論が顕在化するようになるのも，1970年代以降のことである。高橋均（2004）によれば，育児雑誌にもそれに関連する記事が多く掲載されるようになるという。そして，1990年代には母親とともに父親が育児にかかわることが当たり前という前提が，言説の上では少なくとも共有されるようになっていった。しかし，父親が育児に積極的に参加することが期待され，むしろそれが規範になっていく一方で，父親が育児休暇をとることが難しいとか，夫婦の期待がすれ違うなど，現実は必ずしもおもての議論どおりには進んでいかない場合も少なくない。しかも，父親の育児参加がスローガン化することによって，そうした現実的な問題がかえって抑圧されかき消されてしまうこともあるというのである[9]。

家族のありかたが多様化していくなかで，父親の育児参加もまた，一元的な規範的言説によって画一化するのではなく，父親自身の生きかたとしてとらえなおしていくことが必要になっている。

（3）家庭文化と教育格差

さらに，近年注目されているのは，子どもの家庭教育をめぐる格差の問題である。家族の形態や働きかたが多様化するのにともなって，家庭教育の外部委託や専門機関の利用のしかたなど，家庭によって子どもの教育への関わりかたも多様化しつつある。そのなかで，さまざまな選択

9）高橋均「戦略としてのヴォイスとその可能性」天童，前掲書，2004年，176～200頁

肢から子どもと家庭の事情に合った教育を選ぶことができる家庭とそうでない家庭との間に格差が生まれ，それが子どもの学校での成績や進路を制約するということが顕在化するようになったのである。

たとえば，子どもの学校外活動にかける費用についての既存の調査結果によれば，子どもの性別や世帯収入，都市部か地方かによってもかなり異なっている。子どもの教育にどのくらい費用や時間をかけるかという判断と決定には，親の教育観やしつけ観が反映すると同時に，それを選択できるかどうかには親の収入や階層といった要因も大きく影響する。

家庭教育におけるこうした格差は，子どもの学校での成績や進路にも大きな影響を与える。選択肢の多様化が自律的な家庭文化の形成につながるというよりも，むしろ学校教育を通した社会的再生産を補強することになる場合もある。

さらに近年は，学校文化のなかで身につけることができる学力や能力だけでなく，コミュニケーション力や積極性といった能力を重視する傾向が顕著になりつつある。こうした能力やパーソナリティは，学校ではなく家庭において習得される部分が大きい。イギリスの教育社会学者のP. ブラウンは，家庭で培われる能力やパーソナリティをもった家庭に育った子どもが，学校や進路選択においてより有利になるということから，こうした状況を「ペアレントクラシー」と呼んでいる[10]。子どもの能力と努力によってライフチャンスが方向づけられるメリトクラシーよりも，親の財産や願望によって教育の成果や選抜が決定される度合いがより高い「ペアレントクラシー」の傾向が高くなっているというのである。

大正期に新中間層を中心として誕生した「教育する家族」のイデオロギーは，戦後になって広く浸透していったが，家族と教育をめぐる社会的状況の変容のなかで，その意味や機能も大きく変化した。社会に適応

---

10) Brown, P., 1990 "The 'Third Wave': Education and the Ideology of Parentocracy", *British Journal of Sociology of Education, vol.11, No.1*

し「一人前」になることから，個性と独自性をもった自立した個人の育成へと教育の目的が変わるのにともなって，家庭の教育も学校と連続的かつ相互補完的なものになっていった。戦後の進学率の上昇のなかで，学校の占める位置はもちろんだが，それを支える家族と家庭教育の役割も大きくなっている。

　小規模化する家族形態においては，育児や子育ての知識や情報は近隣や地域よりも育児書や育児雑誌などメディアを通した知識に依拠する範囲が大きくなる。子どもの教育にとって家族（とくに母親）の役割と責任がより重くなると同時に，家庭教育の差が子どもの教育結果に直接的な影響をおよぼすことによって，格差が顕在化する傾向が顕著になりつつある。

　教育における家族の役割が大きくなると同時に，「教育する家族」をめぐる問題もまた複雑化しているのである。

研究課題

・「しつけがなっていない」「しつけ喪失」などの言説がでてくるのはどのようなときだろうか。その社会的背景について調べてみよう。
・望ましい育児のあり方は，地域や時代によって大きく異なる。子どもを甘やかす文化と厳しくしつける文化の例をそれぞれ調べ，なぜ子どもをそのように扱うことがよいとされているのかについて考えてみよう。
・現代における「教育する家族」と教育格差の問題について，具体的な事例をもとに考えてみよう。

参考・引用文献

P. アリエス，杉山光信・杉山恵美子訳『〈子供〉の誕生―アンシァン・レジーム期の子供と家族生活』（みすず書房，1980年）

Brown, Phillip and others, (eds.), 1997, Education:Culture,Economy, and Society： Oxford University Press.（稲永由紀訳「文化資本と社会的排除―教育・雇用・労働市場における最近の傾向に関するいくつかの考察―」住田正樹他編訳『教育社会学―第三のソリューション』九州大学出版会，2005年，597―622頁）

広田照幸『日本人のしつけは衰退したか』（講談社現代新書，1999年）

本田由紀『「家庭教育」の隘路　子育てに脅迫される母親たち』（勁草書房，2008年）

飯島吉春『子どもの民俗学』（新曜社，1991年）

工藤保則，西川知亨，山田容編『〈オトコの育児〉の社会学：家族をめぐる喜びととまどい』（ミネルヴァ書房，2016年）

沢山美果子「教育家族の誕生」編集委員会編『〈教育〉―誕生と終焉』（藤原書店，1990年）

多賀太，山口季音「近代日本における家族の教育戦略に関する一考察―旧中間層と新中間層の比較を中心に―」（『関西大学　文学論集』第65巻，2016年）

天童睦子編『育児戦略の社会学』（世界思想社，2004年）

天童睦子編『育児言説の社会学』（世界思想社，2016年）

柳田國男『不幸なる芸術・笑いの本願』（岩波文庫，1979年）

4 変容する家族の物語

　家族の衰退がいわれるようになって久しいが，家族を支える社会的関係としての「擬制家族」の存在についてはあまり目が向けられてこなかった。本章では，家族を補完する「擬制家族」という概念を軸として，現代の家族と家庭文化の意味とその変容について再考したい。具体的には，テレビドラマを事例として分析しながら，現代社会において家族であること，成長と自立，つながりとは何かについて考えていきたい。

【キーワード】 近代家族，擬制家族，疑似共同体家族，武者修行，越境，ポストモダン・コミュニティ

1. 多様化する家族

（1）近代家族の揺らぎ

　現代社会においては，家族といってもその形態や構成メンバー，関係のありかたは多様化しつつある。これまで家族といえば，両親と未婚の子どもからなる核家族を基本として，相互に愛情の絆によって結びついた関係という近代家族のイメージが強かった。子どもの教育に熱心な「教育する家族」も，近代家族と結びついて広がっていったのである。しかし，近年は，そうした家族イメージも自明のものではなくなり，形態の上でも意識の上でもさまざまな家族が現れるようになっている。

　そもそも近代家族が普遍的なものではなく，歴史的にみればヨーロッパでは17世紀以降に形成されてきたことは，社会史の研究のなかで明らかにされてきた。また，日本においても，近代家族は大正期の新中間層にはじまり，戦後になって拡大したものであることが指摘されている[1]。

　しかし1970年代以降，産業構造の変化にともなう移動の常態化やライ

フスタイルの変化，離婚率の増加などによって，このような近代家族イメージは大きく揺らぐようになった。家族の崩壊や個人化が問題にされるようになる一方で，家族のありかたについてもさまざまな角度から議論されるようになっている。

（2）擬制家族と戦後社会

ところで，近代家族が広く一般化していった戦後社会においても，現実においては親族関係や地域共同体における社会関係がそれを下支えしてきた面も少なくないことは重要である。そのひとつが擬制家族である。擬制家族とは，制度上の家族ではないが家族のような結合関係のことである。川島武宜は，戦前期においてはこのような擬制的な関係が社会のなかに多く組み込まれていたと指摘している[2]。

たとえば，伝統的な子育ての習俗においては，取上親，乳親，名づけ親，拾い親などのように，「ほんとうの親子関係とほとんどことなるところのない庇護＝奉公関係たる諸々の擬制的親子関係」[3]が存在していた。

取上親というのは，出産時に取り上げてくれた産婆さん，乳親ははじめて乳付けした女性，名づけ親は名前をつけてくれた人を指し，また厄年に生まれた子どもや病弱な子どもを儀礼的に捨てて拾ってもらう拾い親という慣習もあった。また，幼少時だけでなく，成人してからも，成年，結婚，移住，就職などの機会に，元服親，鉄漿(かね)親，仲人親といった擬制的な親子関係を結んだりすることもあった[4]。

このような仮親という制度は，実親だけが子育てを担当するのではなく，周囲の大人が子どもの成長の過程に直接，間接に関わっていたことを示している。

このような擬制的親子関係や擬制家族は，子育てをめぐる習俗だけで

1）落合恵美子『21世紀家族へ』有斐閣，1997年
2）川島武宜『日本社会の家族的構成』日本評論社，1950年，岩波書店，2000年
3）同書，19頁
4）飯島吉春『子どもの民俗学』新曜社，1991年，38〜39頁

なく，地主と小作人の関係（親方子方），書生や女中などの家内奉公人や商店の奉公人と主家の関係など，戦前期においてはさまざまな形で存在していた。こうした擬制家族や擬制的な親子関係という慣習は，血縁以外の人との感情的な絆をつくることにもなったが，それが雇用人などにとっては自発的服従を余儀なくさせる枷になる場合もあった。

こうした擬制家族や擬制的な親子関係は，戦後社会になってもある時期まではさまざまな形で存続していた。たとえば，中小企業では社長のことを「おやじ」と呼んだり，先輩―後輩の関係をきょうだいになぞらえたりするなどの慣習は日常生活にさまざまな形で存在していたのである。

一般に，戦後日本の社会では，第一次的な家族（親族）の絆から解き放たれ，個人の選択意志が前面に出るようになったといわれる。しかし徹底して個人を軸にした契約社会というわけではなく，自ら選択した第二次集団（経済的・政治的・宗教的）に所属することによって集合的なアイデンティティを共有するという折衷的な形態をとっていることが多い。いわば，個人の選択意志と組織への忠誠，あるいは組織の合理的な契約関係と情愛的な家族的関係が折衷したようなシステムが日本的な特徴だということはよく指摘されてきたことである。

家族という視点からみると，戦後，近代家族が広がっていく一方で，地域社会や会社，学校などさまざまな場で擬制家族的な関係がまだ存在しており，それによって家族の機能が補完され支えられていた側面もある。その意味では，血縁・地縁を超えたフィクショナルな擬制家族が浸透し，機能してきたのである。

（3）擬制家族の衰退

しかし，こうした擬制家族という文化装置は，1970年代以降はあらゆる組織から消失しつつある。会社も学校も官僚制組織あるいは営利組織としての性格がより明確化され，個人間の関係も契約関係の純度が高まっている。そういう状況のなかで，あらためて「家族」的なるもの（表象としての絆，親密性）への関心が高くなりつつある。現代の家族をめ

ぐる問題を考える際，家族そのものの揺らぎ以上に，家族を補強・補填してきた擬制家族的な関係の衰退についてとらえなおすことは重要である。

本章では，NHK朝の連続テレビ小説で大人気を博した『あまちゃん』を素材として，擬制家族という視点から家族と教育の関係を考えてみたい。

2.『あまちゃん』にみる家族とつながりの変容

(1) 3つの家族

『あまちゃん』は，2013年にNHKの連続テレビ小説として毎朝8時から8時15分まで，156回にわたって放送された番組である。脚本は宮藤官九郎。物語が展開する場所は，おもに岩手県北三陸の漁村（ロケ地は久慈）と東京である。その方言である「じぇじぇじぇ」はその年の流行語大賞にもなり話題になった。低下傾向にあった朝ドラの視聴率を回復させ，20％を超える視聴率を獲得した人気番組である。その方言や言葉遣いの面白さに加えて，橋幸夫から松田聖子まで登場する1960年代，1980年代の懐かしい音楽，海女の生活や芸能アイドルの世界など，さまざまな世界を垣間見る楽しさとともに，そのなかに出会いや友情，別れと再会，確執と和解などが織り込まれている。

その軸になっているのは，主人公の天野アキ（能年玲奈）と，その母親の天野春子（小泉今日子），祖母の夏（宮本信子）という3世代の家族の物語である。祖母の夏はドラマのスタートする2008年に64歳という設定だから，1960年代に青春期を過ごしている。母の春子は，現在42歳だが，18歳になる1984年に家出して東京に出ていく。主人公のアキは17歳の高校生で，2008年の夏に東京からはじめて祖母の住む北三陸にやってくる。このように，『あまちゃん』は，3世代の家族とそれぞれの人生の物語をめぐる時間と，北三陸と東京という空間とが交差する物語になっている。

主人公のアキ（17歳）は，両親と3人で東京の世田谷に住んでいる。

アキは高校に通っているが，いじめられて一人で詩を書いているという暗い生活である。母親の春子からも「地味で暗くて向上心も協調性も個性も華もないぱっとしない性格」と全否定形で評されている。
　アキの母親の春子（42歳）は専業主婦だが，夫にも娘にも，現在の自分にも満足していない。そもそも18歳で東京にでてきたのはアイドル歌手になりたかったからである。しかし，結局デビューすることができず，失意のときに偶然乗ったタクシーの運転手だった正宗と結婚したのである。中途半端な自分の人生に半ばあきらめと焦燥感をもっている。
　個人タクシーの運転手をしている父親の黒川正宗（44歳）は，料理が趣味で家事もまめだが，妻の春子にはそれがかえってうざいと思われている。
　一見，都会の普通の中流家族にみえるが，それぞれが問題を抱えていて，互いの期待も微妙にずれている。崩壊しているわけではないが，ほつれがみえる家族である。
　アキの祖母である天野夏（夏ばっぱ）は，夫の忠兵衛と二人暮らしだが，忠兵衛は遠洋漁業に出ていて一年に10日ほどしか家にいない。娘の春子とは家出してからずっとわだかまりがある。海女をしながらスナック経営をするなどアキからみると魅力的な生きかただが，家族としては，やはりほつれかかったままである。
　もうひとつドラマのなかに登場する家族に，アキが北三陸の高校に転校して親友になるユイの家族がある。ユイは，「ミス北鉄」に選ばれ東京に出てアイドルになるのが夢という，アキとは目標もタイプも対照的な少女である。ユイの父親は高校教師から県会議員になった地元の名士で，アイドルになりたいというユイの夢にも反対せず，本人のしたいことを応援するという理解ある父親でもある。母親は専業主婦で，夫と子どものためにおいしい料理をつくり行き届いた配慮をする才色兼備の良妻賢母である。兄のヒロシを含めてこの4人家族も，一見典型的な近代家族のようにみえる。しかし，父親と息子のヒロシとの間には確執があり，ユイは母親のことを欺瞞的だと冷めた目でみている。
　このように，ドラマの軸になっている家族は，都会の一般家庭である

アキの家族，地元で伝統的な生活をする夏の家族，地元の中流家庭であるユイの家族の3つである。それぞれ異なった家族タイプだが，どれも必ずしもうまくいっているとはいえない。ドラマの前半では，どの家族にもすれちがいや確執があって，それらが家族の物語に不協和音をかもし出すことになっている。

（2）物語の展開

　ドラマは，主人公のアキが「海女になりたい」と言い出すところから動いていく。春子の故郷から「ハハキトク」というニセ電報が届いたことで，アキと春子が北三陸にいくことになるのである。そこからの物語の展開を簡単に紹介しておこう。

　東京の高校ではうまくいかないアキは，祖母の夏の生きかたが「かっけえ」と映り，東京に帰らずに海女になると言いだす。海女が嫌で家出した母親の春子とは逆である。とはいえ，なかなかうまく潜れないでいる間に，インターネットで知ったオタクたちが大挙して押しかけてくる。観光目玉になったアキは，他の海女（あんべちゃん）が採ったウニを自分のカゴに入れてもらったりして対応することになるのである。

　東京から地方へという地元回帰，自然回帰の物語かとおもってみていると，自然環境と観光産業，生活現実とインターネットという一見対立的な世界が交差する展開になっている。

　さらに，海女の修業をするアキを応援する気持ちでみていると，その期待もはずれることになる。転校した高校の潜水土木科で南部もぐりをみて感動し，潜水士になりたいと言いだすのである。女子学生のいない男社会である潜水土木科に入るという越境を軽々とやってしまうのだが，その中途で今度はアイドル修業のために東京に出るということになる。

　その後アキは，ユイとふたりで「潮騒のメモリーズ」というコンビを結成して，地元アイドルとしてウニ丼を売ったりしていたが，ユイの希望で上京する決心をするのである。ところが，ふたりで上京する直前にユイの父親が倒れてしまい，アキだけが上京することになる。なりゆき

でアイドル修行に突入するが，ここでもうまくいかない。センターを務めるアイドルの代役に指名されても出番はないのである。

さらにその次は女優デビューである。寿司屋で知り合った女優の鈴鹿ひろ美と気が合って付き人になり，一緒に出演もすることになるのだが，これもぱっとしない。

このように，海女修行からはじまって次々と新しい世界にチャレンジしていくが，どれもあまり成功しない。それでもあまちゃんは「これが今のおらの現実だ」と受け入れるのである。努力して頑張って，何かを達成するという成功物語を期待していると，ずいぶんちがった展開になっていくのである。

何事にも長続きしないと批判することもできるところだが，みているうちに海女修業から潜水学科，アイドル修業，女優デビューとあまちゃんがさまざまな世界を渡り歩いていくのを一緒になって楽しんでいくことになる。アキの越境的な移動によってさまざまな人物や世界が交差することの面白さに惹きつけられるのである。

（3）現代の武者修行

さまざまな世界を経験しそのなかで古い絆と新しいつながりを結んでいく移動の物語という意味では，『あまちゃん』は，現代における「武者修行」の物語とみることができるだろう。

武者修行というと，一般には剣豪小説などのように，剣術家が強い相手に次々と試合を申し込み，腕試しをしながら技を磨いていくという古典的な武者修行が思い浮かぶかもしれない。もちろん，アキの武者修行はそれとはかなり性質が異なっている。アキの場合，技を磨いて達人になることよりも，さまざまな世界に飛び込んで新しい経験をし，そこで新しい出会いと古い絆が交差し紡ぎなおされていくところに面白さと魅力がある。成熟とか熟達という意味では武者修行になっていないのだが，未熟であるからこそつながりが広がっていく側面もある。

剣豪小説の面白さも，渡り歩くことで新しい世界を垣間見ることそれ自体の面白さがあるのだろうが，教養小説のような成長物語として解釈

する規範的コードがかつては前面にでていたのかもしれない。むしろ現在では，成長物語のほうがリアリティを失いつつあるといってもいいだろう。では，現代の「武者修行」の意味はどのようなところにあるのだろうか。

（4）越境とつながり

　アキが移動するのは，地理的には東京と北三陸の往復である。そのなかで，海女の世界，潜水士の世界，オタクと地元アイドルの世界，東京のアイドル予備軍の世界，女優と付き人の世界，すし職人の世界など，さまざまな世界を渡り歩き，経験する。そしてその過程で，地方と東京，海の男世界と女世界，自然と観光産業，日常生活とメディアのバーチャルな世界，海女の生活とアイドルの世界といった一見対立的な世界の境界が溶解し，融合していく。あまちゃんの武者修行は，こうしたさまざまな境界を「越境」していくところにあり，それが彼女をパワーアップさせていくのである。

　その「越境」を支えているのは，アキをめぐる古い絆と新しい関係が繋ぎ直されることによるつながりである。そのモチーフになっているのが「リフレインする人生」である。登場人物たちは，それぞれ生きる方向はちがっているが，過去から現在の時間的な経過のなかでどこか共通点や接点をもっている。それが重なり合い新しいつながりを形成することになるのである。

　たとえば，アキと春子の親子は，移動のパターンからみると対照的である。春子は地元から東京へ，娘のアキは東京から地元へと逆方向である。しかし，春子が若いときに鈴鹿ひろ美の声の代役としてレコーディングしたことと，アキがアイドル修業でセンターの代役だったことは，「影武者」という共通点でもある。アキの移動によって，その鈴鹿ひろ美と春子の互いに隠していた過去のつながりが浮上し，新しくつなぎ直されることになるのである。

　アキとユイも対照的である。東京でアイドルになりたいというユイと，東京が嫌でなまり言葉が好きなアキとは好みも人生の方向も異なってい

るが，ふたりがコンビを組むことで違う世界の人たちがつながっていくことになる。また，東京に行けなかったユイが「不良化」したときに支えたのが，アキの母親で元ツッパリの春子である。20数年の時間を超えて同じように上京を夢見たふたりが，現在のなかでつながることになるのである。

　このように，ドラマのなかではいくつもの人生の物語が少しずつずれながらリフレインしていく。別々に生きられてきた人生が，時間を越えてつながっていくのである。アキの武者修行は，自身の移動によって空間や領域を「越境」するだけでなく，さまざまな人生の物語を交差させ響かせることによって，過去と現在の境界も「越境」させていくのである。

（5）二人三脚と二束三文

　こうしたつながりかたの意味を象徴するものについて，言い間違いの例を挙げてみよう。

　たとえば「影武者」と「落武者」。アキは，「海女になる」と言い出したのはいいが潜ってもなかなかウニを採ることができない。代わりに，自分で採ったウニを海中でアキに渡してくれるのが母親の春子の同級生だったあんべちゃんである。いわばアキの「影武者」なのだが，アキは間違って「落武者」と言ってしまうのである。

　他にもある。親友のユイちゃんとふたりで上京してアイドルになるつもりが，アキひとりでアイドル修行をすることになるがぱっとしない。元々ユイと「二人三脚」でやるつもりだったんだからというところを，「おらとユイちゃんとで二束三文だから」と言い間違えるのである。

　フロイトの解釈を持ちだすまでもなく，どちらがより現実を言い当てているかというと，やはり「落武者」と「二束三文」のほうなのだろう。子どもの頃から影が薄く何かとうまくいかないあんべちゃんの人生は，隠れた異彩を放つ「影武者」というより，たしかに「落武者」にみえる。また，ふたりで地元アイドルにはなれても，ひとりではデビューも難しいアキとユイの「二人三脚」も，裏を返せば「二束三文」というのもリ

アルである。

　しかし，こうした言い間違いがさほどシニカルに聞こえないのは，能年玲奈さん演じるアキちゃんの天衣無縫な「天然」さもあるだろう。しかしそれだけではない。「落武者」のあんべちゃんが「影武者」として貢献し，「二束三文」のふたりが「二人三脚」で新しい魅力を発揮するようになることが，新しいつながりの発見であり，現実を読み替える力だからである。社会が液状化し，自立神話が崩壊しつつあるなかで，独り立ちすることよりも未熟者同士がつながっていく力のほうがロマンを掻き立てる時代なのだろう。

（6）ふるい絆と新しいつながり

　アキの「武者修行」によってつくられていくつながりは，新しいものだけではない。過去と現在が重なりあい，新しいつながりとともに紡ぎなおされていくのである。それは，祖母の夏の信条が「去るものは追わず」から「去るものは追わず，来るものは拒まず」に変化することにも現れている。

　「去るものは追わず」を信条とする夏は，娘の春子の家出のときも，忠兵衛の出航も，いつもそうして自分を律してきた。それが古い共同体のなかで生きてきた夏のもつ強さであり，それがキャラクターとしての魅力でもある。だから，アキがくるまでは古くからのつながりのなかだけで生きてきたのである。

　ところが，アキがきてからは古い絆と新しいつながりが融合していくようになる。アキを中心にさまざまな人物が集まり，そして去っていく。そのなかで，夏と娘の春子の間の長年の確執も融解していく。それとともに，夏の信条も「去るものは追わず，来るものは拒まず」に変化するのである。

　ドラマの後半は，表面には現れなかった関係の確執やねじれが解消し和解する方向で展開する。春子と夏，春子と太巻（芸能プロデューサー）と鈴鹿ひろ美の間の因縁のある過去が，いくつもの人生がリフレインし時間と空間を越えたつながりのなかで，壁が取り払われ，和解と救しへ

と溶け出していくのである。

　ドラマの最終回は，震災で崩壊した海女カフェを再開して，アキとユイが「潮騒のメモリーズ」を再結成し，そこで女優の鈴鹿ひろ美がはじめて「影武者」なしに『潮騒のメモリー』を歌うという大団円となって終わる。

3．ほつれゆく家族物語と擬似共同体家族というロマン

　これまで述べてきたことをまとめておこう。夏ばっぱの若い頃とも重なる1960年代は，上京と成功の物語が輝きをもっていた時代である。夏はそれに背を向けて，伝統的な生活と物語を生きてきた。しかし，春子の時代（1980年代）にはその物語は翳りつつあり，むしろ地方回帰，自然回帰，コミュニティ礼賛が新鮮な響きをもちはじめていた。ディスカバージャパン，村おこしなどは，その産業化のフロンティアの発見でもあった。

　しかし，アキの時代（2000年代）になると，コミュニティ礼賛の規範化された物語も欺瞞的な香りが漂うようになる。あまちゃんの物語は，近代家族の再生の物語でもなく，かといってかつての共同体の再生の物語でもない。むしろ，そうした既成の近代家族や共同体の物語ではなく，地縁や血縁を超えて行き来自由な新しいつながりが重層的に重なりながら広がっていくところが魅力である。

　そうした新しいつながりを広げていくのが，アキの「武者修行」である。海女の世界から潜水夫の世界，芸能界と，それぞれまったく異なる世界に足を突っ込んでいくことで，古い絆と新しいつながりが編みあわされていく。そうしたつながりは，自立した個人同士の関係とはちがって，社会的には弱い者同士のつながりである。アキ自身，どの世界でも成功しない。「二束三文」「落武者」という言い間違いに表象されているように，一人では自立できないけれど，弱い者同士が互いに補填しあうことでつながりが編まれていくのである。あまちゃんの「武者修行」は，自立した個人へと社会化していくことを理想とする近代的な教育の物語

ではなく，未成熟で弱いままそのゆるやかなつながりのなかで生きていく物語なのである。

　戦後社会においても，擬制家族の慣習はさまざまな組織のなかに組み込まれ，近代的な契約関係を補完する重層的なしくみを支えてきた。しかし，それが家族的な絆を補完するだけでなく，個人の自由を制約したり抑圧する場合もあった。1970年代以降，徐々に喪われていったのは，家族そのものである以上に，それを補完し支えてきた擬制家族であるとみることもできるだろう。

　『あまちゃん』が広く受容された背景には，こうした擬制家族的な絆への願望が存在しているだろう。しかし，それは単に過去の擬制的な家族へのノスタルジックな回帰ではない。『あまちゃん』のなかで立ち上がってくるのは，安定した社会関係を基盤にした伝統的なコミュニティではなく，都会と地方，自然とメディア，契約関係と情誼の関係が交差する越境的で一時的なコミュニティのイメージである。

　J. デランティは，かつての擬制家族とも異なるこのような境界的なコミュニティを「ポストモダン・コミュニティ」と呼んでいる[5]。たとえば, 空港のラウンジでは, 居合わせた人々は同じ目的をもってそこに集っているわけではなく，それぞれの目的地に向うために一時的に場を共有している。そこでは，政治経済の状況や旅の情報などの交換から，それぞれ異なる背景や経験が交差するある種のコミュニティが生れる。ポストモダンにおけるコミュニティは，そうした一時的で流動的かつ越境的な交流である。

　家族関係に引きつけていうと，「友愛（フレンドシップ）」もポストモダン・コミュニティの一例である。女性の職場進出の増大，離婚や別居の増加，それに伴うストレスやプレッシャーなど，家族をめぐっては多くの問題がある。しかし，家族が核となった伝統的コミュニティがその基盤を失いつつあるなかで, それに頼ることは難しくなっている。変わっ

---

5) J. デランティ，山之内靖他訳『コミュニティーグローバル化と社会理論の変容』NTT出版，2006年

て，家族を支援し支えるようになったのが，友人関係に基づく個人的ネットワークだというのである。将来は，それが新しい「拡大された家族」へと再生する可能性もある。「家族は消滅しているのではなく，単に異なる形態をとっているだけである」[6]というわけである。

『あまちゃん』の物語は，伝統的な擬制家族に代わって，より流動的で越境的な疑似共同体家族を願望する現代のロマンといえるかもしれない。

研究課題

・ドラマ『あまちゃん』に描かれているようなポストモダン的なつながりと，古典的な擬制家族の違いは何か。本文を参考にしながら，比較してみよう。
・地縁や血縁を超えたさまざまなコミュニティについて，具体的な例について調べてみよう。

参考・引用文献

J. デランティ，山之内靖他訳『コミュニティーグローバル化と社会理論の変容』（NTT出版，2006年）
飯島吉春『子どもの民俗学』（新曜社，1991年）
川島武宣『日本社会の家族的構成』（岩波書店，2000年）
NHK連続テレビ小説『あまちゃん』（全156回）2013年
落合恵美子『21世紀家族へ』（有斐閣，1997年）

6）同書，200頁

5 文化装置としての学校

　教育にかかわる文化装置のなかで中心的な位置を占めてきたのは学校である。本章では，校舎や校庭などの空間配置や，教室のなかの机や椅子，黒板といったモノの配置，カリキュラムや授業スタイルなど，私たちが見慣れた学校空間が，どのように構成され機能してきたのかをたどりなおすことによって，文化装置としての近代学校の特質とその揺らぎについて考察する。
【キーワード】近代学校，等級制，学級制，フォーマルな組織，かくれたカリキュラム

1. 学校空間の成立

（1）寺子屋から近代学校へ

　大きな黒板と教卓，それに向かいあうように並べられた机と椅子。時間割にそって区切られた授業。休み時間に過ごす校庭。
　私たちにとっては，なじみのある学校の日常の風景である。しかし，このような学校（近代学校）が成立したのは，日本では明治になってからである。図1は，それ以前の寺子屋での勉強風景を描いたものである。一見してわかるように，私たちが知っている学校とはかなり異なっている。畳の部屋に置かれた長机に生徒たちが横並びに座り，先生のほうに背を向けているものもいる。生徒の年齢もさまざまで，それぞれが自分の進度に合わせて学習をしている。同じ年齢の生徒が同じ内容の授業を受けるという現代の学校とは，かなり異なったものだったことがわかるだろう。
　明治に入ると，このような寺子屋式の教育とはあらゆる点で異なる学校がつくられていく。図2は，明治初期の授業風景である。黒板，教卓，

椅子など当時としてはまだ見慣れない西洋風の家具が置かれ，それにともなって生徒たちが全員，先生のほうに向いて座るという空間配置になっている。またここには描かれていないが，壁には時計が掛かり，世界地図や単語図が吊り下げられていることも多かった。1870〜1880年代にかけて，こうしたしつらえの学校が全国の小学校に普及していったのである。

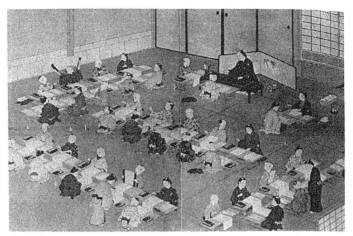

図1　寺子屋での教育のようす（江戸時代）（『日本の学校建築』文教ニュース社，1981年より）

図2　明治初期の授業風景（『日本の学校建築』文教ニュース社，1981年より）

このような教室に置かれた新しいスタイルの家具やその配置は，単に物珍しいものだったというだけではない。教室の物理的空間における変化は，より深いところでの「教育」の意味も変えていくものだったのである。

例として，「時計」について取り上げてみよう。明治初期の学校や教室場面が描かれた小説を読むと，時計がでてくることが多いのに気づく。たとえば，当時人気のあった菊亭香水の『惨風悲雨　世路日記』（盛陽堂，1908年版）という小説は，主人公の菊雄が教師として勤めている小学校で，まだ朝日が昇る前の薄暗い教室にただ時を刻む時計の音だけが片隅で寂しく響いているという描写からはじまっている。その後も，教師が柱の時計をちらっと見たとか，時計が鐘を鳴らして5時を知らせたとか，何度も時計の描写が出てくるのである。教室に時計が掛かっているのは当たり前のことに思えるが，当時としては珍しいものであると同時に，学校という場を象徴するものでもあったのである。ではどういう意味をもっていたのだろうか。

時計は，早くから小学校の必須の設備になっていたが，明治初期のころはボンボン時計ではなく八角時計が掛かっていることが多かったようだ。その意味について，次のように書かれている。

「学校ノ事業ヲ整斉シテ善ク其法度ヲ行ハントスルニハ必ズ自鳴鐘ナキ能ハズ，是レ自鳴鐘ハ時ノ過ギ行クヲ生徒及ビ教師ニ教ユル静黙ノ警戒者ト称ス可ク　且其常ニ戒ムル所ハ怠ル勿レト言フニ因ル」[1]

授業や行事など学校の業務を円滑に動かしていく上で時計が重要なのは，生徒や教師に時間の経過を知らせると同時に，それによってぼんやりと無駄な時間を過ごさないように戒めることにもなるからだというのである。時計の存在は，学校生活が時間によって区切られることによって秩序が維持されると同時に，時間を無駄にせず有効に使うことが大切だという勤勉・努力のエトスを象徴するものだったのである。それぞれの生徒が自分のペースで学習していた寺子屋とは異なった「教育」がは

1）ウィケルスハム，箕作麟祥訳『学校通論』文部省，1876年

じまろうとしていたことがうかがえる。

　そのことは，教卓や机，椅子の配置にも表れている。みんなが教師のほうに向かい合うのではなく，長机に横並びに並んでいた寺子屋では，各自がその進度に応じて自学自習するのが一般的なスタイルであった。しかし，教卓の前にたつ先生に向かって生徒が座る配置にかわることによって，生徒たちは決まった時間割にそって同じ時間に同じ内容の授業を受けるというスタイルになる。同じ時間内にどのくらい効率的に進んだか，みんなが理解できたかどうか，そこでは比較や評価という新しい視点が生まれ，それにそって試験が行われることになるのである。

（2）等級から学級へ

　等級制という編成方式はそうした新しい学校教育に即して生まれたものである。1872（明治5）年に公布された学制では，尋常小学校は上等小学と下等小学に分けられ，それぞれ半年ごとに行われる試験によって1級を修了し，次の級に進級していくことになっていた。順調に進級すれば，上等，下等それぞれ1級から8級までの4年ずつ，計8年間で修了するようになっている。進度が早い生徒は,「臨時試験」や「連級試験」によって実質的な飛び級をすることもあった。そうして全級を修了した段階で，卒業試験にあたる「大試験」を受けて卒業となる。試験による進級システムを基本とした等級制の編成原理は，生徒の年齢や就学年数ではなく，その級に求められる内容をマスターしたかどうかだったのである。

　この方式は，ひとりの教師が同じくらいのレベルの複数の生徒を教えることができ，その成果を試験によって評価し進級させていくという効率的で合理的なシステムである。それはまた，生徒の間に競争心も掻き立てる。試験に通れば，生まれや身分とは関係なく認められて，どんどん進級していくことができる。その先には立身出世の夢もつながっている。近代学校は，こうした競争心をインセンティブにした効率的・合理的システムとして出発したのである[2]。

　しかし，厳しい試験とそれによる進級制度は脱落者も生みだす。「十

分其試験ニ及第スル者ニ非ザレバ，登級セシム可カラズ，其落第スル者ニ於テハ，尚其級ニ止メテ，諸科ヲ習熟セシムベシ……」[3]とあるように，試験に落第すると原級に留め置かれることになっていた。斎藤利彦（2011）によれば，地域や学校によって差はあるが，多くの府県で進級試験に不合格となった落第者は20〜30%もいたという[4]。また，試験自体を受けない不受験者の割合も高く，中退していく生徒も多かった。

このようなこともあって，1891（明治24）年には等級制に代わって学級制が導入されることになる。「学級編成等ニ関スル規則」（文部省令第12号）によれば，「学級」とは，「一人ノ本科ノ教員ノ一教室ニ於テ同時ニ教授スヘキ一団ノ児童ヲ指シタルモノニシテ従前ノ一年級二年級等ノ如キ等級ヲ云フニアラス」と規定されている。

ここでいう「一団の児童」とは，等級制とはちがって「学年編成」によってつくられた同年齢の集団であり，生徒たちは一年間「一つの教室」で一緒に生活をするのである。等級制からはじまった競争や試験は，それまでの寺子屋式の教育とは異なる新しいものだったが，同じ年齢の子どもだけがひとつの教室に入れられる学級も，新奇なものだった。

「学級」では，ムラや共同体のなかでの関係とは切り離され，不特定多数の「生徒」のひとりとして扱われるようになる。教師との関係も同様である。寺子屋や習い事の師匠との関係は，師匠の考えかたや弟子の要望によってそれぞれ異なる，具体的で個別的なものであった。しかし学校では，教師はあらかじめ決まった内容を，不特定多数の生徒にたいして教えていく。教師の側も生徒の側も自分の意思を超えた権威やルールにしたがってふるまわなければならないのであり，教師と生徒の関係も，より一般的で抽象的になるのである。

伝統的な村落共同体では子どもたちは一定の年齢になると「子ども組」という組織に加入するのが一般的だった。しかし，柳治男（2005）が指

2）斎藤利彦『試験と競争の学校史』講談社学術文庫，2011年，146〜147頁
3）諸葛信澄『小学教師必携』1873年（『「教師論」文献集成第1巻』1990年，31頁）
4）斎藤，前掲書，125頁

摘するように,「明らかに子ども組は異年齢集団だったのであり,年長者を中心とする自治がおこなわれたのであった。これに対し『学級』とは,有無を言わさずよその村落の見知らぬ同じ年齢の他人と強制的に一緒にさせられ,よそ者としての教師によって統制される,まったく異質な集団」[5]だったのである。

2. 合理的組織としての学校

(1) フォーマルな組織

　黒板,教卓,時計,机と椅子などの配置や,服装や持ち物,日常行動まで含めた教室での行動をコントロールするさまざまな規則やルーティン。そのほとんどは,学校の外の生活にはない独特のものである。それらは,教師や生徒たち自身の好みや方針で決まるわけではなく,予め設定されたものである。しかし,同じ学校や学級に所属することになれば,教師も生徒もこれにしたがって行動しなければならない。

　このようなしくみを「フォーマルな組織」という。P. L. バーガーとB. バーガーは,学校が「フォーマルな組織」であることについて,次のように述べている。

　フォーマルな組織とは,かいつまんでいえば,規則が明確に規定され,専門職員によって監督されている制度のことである。子どもは家庭から学校へ門出をすることによって,単に新たな権威の下に置かれるだけでなく,それまでとは異質な権威の下にも置かれるようになる。彼らは家庭とはかなり異質の機関にいわば「あずけられる」のである。いままでとは異なる規則が適用されるが,その規則は自分だけにではなく,同じ状況に置かれた子どもたち全員に適用される。そればかりか,学校に愛情がどんなに満ちあふれているといっても,子どもやいまや不特定多数の一員として(あるいは一つの記号として)取り扱われる。子どもはも

---

5) 柳治男『〈学級〉の歴史学—自明視された空間を疑う』講談社,2005年,147頁

はや，自分の家の中で占めていたような特権的な地位を期待することはできない。彼等はこの新しい状況のなかで，よい方向へ向かうか，悪い方向へ向かうかはともかく，「自分の道を切り開いていかなければならない」。子どもは学校へ入ることで，より大きな世界への第一歩を踏み出す。そのより大きな世界を代表するとともに，大きな世界との仲介をしてくれるのが学校である。[6]

このようなフォーマルな組織の典型が官僚制組織である。官僚制というと，非効率的で融通のきかない固い組織のようなイメージがあるが，そもそもは合理的で効率的な組織原理として，社会の近代化の過程のなかでさまざまな組織のなかに浸透していったしくみである[7]。

官僚制の特徴としては，（1）規則によって秩序づけられた権限 （2）ヒエラルヒーの原則 （3）文書主義 （4）専門的訓練を前提とした職務 （5）官僚の全労働力を要求する職務 （6）一般的規則に従った職務執行などが挙げられる。

このような官僚制システムは，官庁のような行政組織だけではなく病院や企業など一般の近代的組織にも浸透している。学校もそのひとつである。学校では，家庭とはちがって気の向いたときに本を読んだりおもちゃで遊んだりと，思うままに行動することはできない。朝礼からはじまって授業や休憩時間，昼食，掃除など，予め決まった手順やルールにしたがって行動しなければならない。チャイムが鳴ったら席につく。発言するときには手を上げて許可を得る等など。集団のなかのひとりの「生徒」として，規則にしたがって行動しなければならないのである。

また，教科の内容は，教師や生徒の好みや志向ではなく，易しいものから難易度の高いものへ，具体例から一般的法則へというように，細分化され階層化されたカリキュラムにそって進められていく。生徒を教えるのは，専門的訓練を受け資格をもった教師である。その成果は，試験

---

6) P. L. バーガー，B. バーガー，安江孝司訳『バーガー社会学』学習研究社，1979年，188頁
7) M. ウェーバー，世良晃志郎訳『支配の社会学 I , II』創文社，1960-1962年

やテストによって客観的に評価される。学校での学習活動は教師や生徒の恣意によってではなく，組織のなかで標準化された内容と手続きにのっとって，合理的に運用されているのである。その意味では，近代学校は，効率性と合理性を重視する官僚制の組織をモデルとしてつくられたものである。

明治のはじめには新奇なものに映った時計や黒板，教卓，机，椅子などによって構成された教室の空間配置や，学校や教室におけるさまざまな規則，教師と生徒の関係などは，このフォーマルな組織を支える微細な文化装置とみることができるだろう。

(2) 規範形成の装置

こうした学校に独特の空間配置や慣習は，教育を効率的・合理的に運営していく上で機能的であるだけではない。規則や時間を守ることによって，学校に適応しその権威を受け入れていく規範装置としても重要である。

たとえば，時計が近代学校を象徴するものだったことはすでに述べたが，それは時間を区切って授業を効率的に進めていくというだけではなく，勤勉や努力という価値（エトス）を身につけていく上でも重要な意味をもっていたのである。

先生のほうに向かって生徒の机や椅子が配置されるスタイルも，効率よく授業を行うためだけではない。このような配置のなかでは，教師が生徒全員に向かって話しかけるのに対して，生徒はつねに注意を払わなければならない。教師のほうにまず注目が集まるようにできているのである。

そうした状況のなかで，教師が質問をし，生徒は手を挙げて発言するというやりとりが可能になる。そして生徒の発言が「正しい」かどうかは，教師の評価（「よろしい」「よくできました」）によって確認される。H. メハン（Mehan, H）は，教師の主導的発言（Initiation）─生徒の応答（Response）─教師の評価（Evaluation）という教室でよくみられるやりとりの基本的なパターンをIREと呼んでいる[8]。主導的発言の中心

は「質問」である。

その際，生徒が正答を出すためには，教師の質問の意図を的確に読み取らなければならない。生徒は，教師が既に知っていることを質問していることを「知っている」。「正答」は予め教師がもっているのである。生徒はその「正答」が何であるかを推測し，それに合わせて応答するのである。IREが当たり前のこととして定着するためには，「正しい知識」は教師がもっていること，つまり教師の権威を生徒が認めることが前提となる。

さらに，この教師の権威を支えているのは教師個人というよりも学校の権威である。カリキュラムにそって行われる教授＝学習は，段階を踏んで課題をこなしていくことによって，「正しい知識」にたどり着くことができるという前提を共有することもともなっている。「学校で教えられることは正しい」という暗黙の了解を前提として，教師への信頼や敬意も成り立っているのである。学校や授業の秩序を維持していく教室の物理的な空間配置や授業のやりとりの構造は，教師や学校の権威を暗黙のうちに受け入れていくしくみにもなっているのである。

学校の文化は，子どもがそれまでに家族との生活のなかでなじんできた習慣や文化と必ずしも同じではない。それらを受け入れ適応していくためには，生徒自身や親が学校や教師の権威を受容することが前提となる。教室の物理的な空間配置やカリキュラム，授業の手順などを，ごく当たり前のこととして適応していくことによって，家庭とは異なる規範や文化を身につけていくのである。

(3) かくれたカリキュラム

しかし，はじめのうちは新奇にみえていたものも，学校生活になじんでいくうちに次第に当たり前になっていく。このように，「みえてはいるが気づかれない」しくみやそのなかでの学習のことを「かくれたカリ

---

8) Mehan, H., Learning Lessons : Social Organization in the Classroom, Harvard University Press, 1979

キュラム（hidden curriculum）」という。

「かくれたカリキュラム」に最初に言及したP. W. ジャクソン（jackson, P.W.）は，明示化されたカリキュラム（manifest curriculum）としての3 R's（reading, writing, arithmetic）に対して，学校に適応していくための「かくれたカリキュラム」として，規制（regulations），規則（rules），慣例（routines）という3 R'sを指摘している。

話をわかりやすくするために，ポーの『盗まれた手紙』という短編小説を例にとってみよう。宮廷からある重要な手紙が盗まれ，警察が容疑者の家を徹底的に捜査するが，どうしても見つからない。困った警視総監が探偵のデュパンのところに相談に行くと，デュパンは詳しい話を聞く前に，見つからないのは「その謎が簡単すぎるのだろう」というのである。実際，デュパンが足を運んでみると，手紙はなんと誰もがみえるところにある名刺差しの，それも一番上に無造作に入れられていたのである。絨毯の裏や床下といういかにも見つかりにくそうなところではなく，「ひどく人目につく場所にあって，どんな訪問客にも丸見えになっている」ために，かえって見落としていたのである。

黒板や時計，机の配置，教師や生徒の服装，授業中のルールなどは学校文化を構成する基本的な要素だが，そのなかにいるものにとっては自明化されているために，あらためてその意味を考えることは少ない。しかし，だからこそ気づかないうちにしっかりと身につけられていくのである。

近代の学校は，校舎や教室の空間配置といった学校組織のハードウェアと，学校生活をコントロールするさまざまな規則や慣習といったソフトウェアが重なりあった文化装置によって，その権威と秩序が維持されてきたのである。

3. 学校の揺らぎと再編

（1）矛盾の顕在化

しかし近年では，このような学校の存立を支えてきたしくみは揺らぎ

つつある。すでに「学級崩壊」が話題になってから久しいが，学校や教室を秩序づけてきたさまざまな規範やルールが，自明のものとして共有されなくなっているのである。

　学校の権威を支えてきた文化装置がうまく機能しなくなっていくのと対応して，それを支えてきた「かくれたカリキュラム」の矛盾が顕在化すると同時に，学校の組織そのものがほんとうに合理的なのかが改めて問われるようになってきた。

　たとえば，学問知の系統性にそって構成されたカリキュラムが，その知識の選択や配列が特定の社会階層の文化を反映している場合があることも指摘されるようになった。学校知と家庭の文化と連続している生徒にとっては有利だが，そうでなければ理解が難しいだけでなく，そもそも興味がもてない場合もある。しかしこれまで，こうした階層による成績の差は，個人の努力や能力の問題とみなされることも少なくなかった。学校知を正統な知として受容させていく「かくれたカリキュラム」の存在が，そうした包摂のなかの排除をみえにくくしてきた側面もある。

　また，学校生活のあらゆる側面に埋め込まれてきたのが，ジェンダーをめぐる「かくれたカリキュラム」である。家庭科や技術，体育など教科の選択や教科書の内容におけるジェンダー・バイアスをはじめ，名簿の順番，教師の期待やそれにそった進路指導など，ジェンダーをめぐる「かくれたカリキュラム」は，学校生活全般のなかにみられる。男女平等は教育の平等を正当化する重要な柱として掲げられてきたが，現実の学校教育のなかではまだ気づかれないことも少なくない。

　学校は，平等をおもての原理とすることによってその権威と信頼を維持してきたが，そこには「かくれたカリキュラム」によるこのような包摂と排除の重層的なしくみが組み込まれてきた面もある。しかし近年は，学校への無条件の信頼がゆらぎ，その正統性が自明ではなくなっていくなかで，こうした矛盾がさまざまな形で顕在化し問い直されるようになってきたのである。

（2）学校の再編のために

　教育を牽引し拡大させてきた学校の文化装置は，近年徐々にその機能を失いつつある。このような状況のなかで，学校教育の再編をめぐってさまざまな改革が試みられている。より効率的で成果のみえやすい教育のために，官僚制モデルからビジネスモデルへとシステムを編成しなおそうとする試みや，これまでのような勉強＝努力主義をベースとしたシステムから，コミュニケーション能力や新奇性への志向に重点をおくシステムなど，その方向はさまざまである。

　こうした改革や再編の行き先を考えるためにも，これまでの学校と教育を支えてきた文化装置のしくみと機能を十分に検討することが重要である。

研究課題

・全校集会や整列行進，行事，学級活動，委員会や部活動など，かくれたカリキュラムは学校生活のいたるところに潜んでいる。そのなかのひとつを取り上げて，そこで暗黙のうちに伝えられるメッセージはどのようなものか，考えてみよう。

・教室空間の配置や机といすの規格など，学校の物理的空間やモノの配置が定型化するまでにどのような変化があったのか，また標準的な教室とはちがった学校建築や空間配置などについても調べてみよう。

・試験は，明治以降ずっと学校教育において重要な意味をもってきた。試験と受験が時代によってどのように変化してきたのかについて調べ，その意味を考えてみよう。

参考・引用文献

斎藤利彦『試験と競争の学校史』（講談社学術文庫，2011年）
柳治男『〈学級〉の歴史学―自明視された空間を疑う』（講談社，2005年）
P. L. バーガー，B. バーガー，安江孝司訳『バーガー社会学』（学習研究社，1979年）
M. ウェーバー，世良晃志郎訳『支配の社会学Ⅰ，Ⅱ』（創文社，1960―1962年）
Mehan, H., Learning Lessons : Social Organization in the Classroom, Harvard University Press, 1979
Jackson, P.W., Life in Classrooms, Rinehart and Winston, 1968
M. フーコー，田村俶訳『監獄の誕生―監視と処罰』（新潮社，1977年）
田中統治『カリキュラムの社会学的研究』（東洋館出版社，1996年）
木村涼子，古久保さくら編『ジェンダーで考える教育の現在』（解放出版社，2008年）
苅谷剛彦『階層化日本と教育危機―不平等再生産から意欲格差社会（インセンティブ・ディバイド）へ』（有信堂高文社，2001年）
本田由紀『多元化する「能力」と日本社会：ハイパー・メリトクラシー化のなかで』（NTT出版，2005年）

6 感情共同体としての学校

　学校は，合理的組織であると同時に，感情共同体としての側面ももっている。学校の機能というと，成績や学力といった目にみえる側面を考えることが多いが，学校への愛着とか帰属意識といった感情共同体としての意味も大きい。本章では，とくに入学式や卒業式，運動会といった学校行事や，同窓会，クラス会などに焦点をあてて，感情共同体としての学校の意味や社会的機能について考える。
【キーワード】通過儀礼，同窓会，卒業式，ノスタルジア，思い出共同体，社会関係資本

1. 通過儀礼としての学校

（1）通過儀礼とは
　小学校に入学する初めての日は，子どもにとって特別な一日である。それまで慣れ親しんできた家庭とは異なる新しい集団に参入していく門出であり，人生のなかでのひとつの重要な節目となる日だからである。それを際立たせるのが入学式である。入学式の日には，子ども自身も，また入学式に列席する親や教師も普段よりも改まった服装に身を包んでいることが多い。式のなかでは校長先生の挨拶や校歌の斉唱，上級生との対面などを通して，学校という新しい世界への参入が象徴的に確認される。緊張感とともに特別な日であることが意識され，記憶に残る一日となる。
　入学式に限らず，七五三，入学式，卒業式，成人式，結婚式，退職祝い，金婚式などのように，人生のなかで新しい段階にはいったり移行したりするときには，さまざまな形でお祝いやセレモニーが行われること

が多い。このように，人生の節目で行われる儀式を「通過儀礼」と呼んでいる。

通過儀礼ということばは，最初に用いたフランスの人類学者のA. v. ヘネップ（A. v. Gennep）が，その著書『通過儀礼』（綾部恒雄・綾部裕子訳, 弘文堂, 1977）のなかで用いたのが一般化したものである。ヘネップは，人生を家にたとえて，ある段階から次の段階に移るのは，部屋から部屋に移動するようなものだととらえた。そして，部屋と部屋の境にある敷居を超えるときに行われるのが通過儀礼だというのである。

通過儀礼は，次の3つの段階から成っている。すなわち，「分離期（separation）」，「過渡期（liminality）」，「統合期（incorporation）」である。「分離期」とは，それまで所属していた集団やそのなかでの地位から離れて，別の集団や場所に移動する段階である。そこでは，死を象徴する行為が行われたり，村から離れて旅に出たり，離れたところにある小屋にこもったりするなど，それまでの状態から分離される。

第2の段階は，分離の段階は経たもののまだ新しい状態に入ってはいないという不安定な状態で，これを「過渡期」または「移行期」と呼んでいる。全身を黒塗りにして小屋のなかに閉じこもって生活するといった未決定状態を象徴するような儀礼が行われる場合もある。この「過渡期」の段階には，試練がともなうことも多い。たとえば，英雄の旅をモチーフにした神話物語には，小屋や城といった日常世界を離れてあえて冒険の旅に出，そこで超自然的な力をもつさまざまな存在と格闘し，それに勝利してもとの世界に帰還するという，通過儀礼のプロセスが埋め込まれていることが多い[1]。

そうした試練を経て，新しく集団に迎え入れられるのが第3段階の「統合期」である。さまざまな危険や試練を乗り越えて以前より力をつけた状態に生まれ変わり，集団のなかで新しい地位や役割を担うことになるのである。通過儀礼が「死と再生」のプロセスとして象徴的に描かれる

---

[1] J. キャンベル, 平田武靖, 浅輪幸夫 監訳『千の顔をもつ英雄（上・下）』人文書院, 1984年

ことが多いのは，そのためである。この「統合期」に入るときに行われる儀礼は，しばしば大規模な祝祭をともなう。成人式や結婚式のあとのパーティなどはそれを象徴するものであろう。

（2）通過儀礼としての学校

　入学式や卒業式のプロセスには，ヘネップのいう通過儀礼の3つの段階が象徴的に組み込まれていることが多い。しかしそれだけでなく，入学から卒業までの過程そのものを通過儀礼としてとらえることもできる。つまり，それまでの家庭の日常生活を離れて学校という新しい世界に参入する「分離期」，社会的にはまだ未決定の匿名性を帯びた存在である学校時代という「過渡期」，学校を卒業して新しい世界へと出立する「統合期」とみることができるのである。

　たとえば，学校では同じ制服を着用し，毎日，皆が同じ時間割で学習し，行動をともにする。同じ時間に同じ食事（給食）をとる。学校では，個人の出自や属性はいったん消され，同じ「生徒」として扱われる。現実には家庭の背景やジェンダーといった属性が完全に消されるわけではないが，それでも学校では学業やスポーツの能力や成績といった標準化された尺度で測られる同質的な存在になる。この学校という「過渡期」を共有するもの同士の間には，独特の〈われわれ意識〉が醸成される。卒業して何年もたっても学校時代の友だちが懐かしいのは，そうした〈われわれ意識〉へのノスタルジアが呼び起こされるからであろう。「過渡期」としての学校は，感情共同体の形成の場としても機能しているのである。

　学校時代という限られた時空間は，それ以前の家庭の日常とも，卒業後にでていく社会の日常とも異なる，混沌と聖性が混じりあう世界である。そうした独特の世界のなかでつくりだされる感情の共同体とはどのようなものだろうか。ここでは，卒業式と同窓会を例にとってみていこう。

2. 感情共同体の場としての卒業式

（1） 卒業式の誕生

　小学校から大学まで，卒業式は学校の行事のなかでも大きなイベントのひとつである。これまで何年かを過ごしてきた学校生活を終えて，新しい世界へと門出していく卒業式は，人生にとっても感慨深いものであろう。正装して卒業式の会場に入場すると，教師や在校生，参加した親たちが迎えてくれる。学校長や来賓の挨拶，卒業証書の授与，在校生の送辞と卒業生の答辞，校歌や式歌の斉唱と進み，最後に拍手で見送られながら退場する。その後にも，お祝いのパーティや食事会が催されることも多い。そのプロセスは，まさに通過儀礼を象徴的にたどるものである。そのなかで高揚感と感情が高まっていくとともに，同じ学校の仲間だったという〈われわれ意識〉もあらためて確認されることになるのである。

　このような定型化された卒業式が成立するのは，1897（明治30）年頃からのことである。それ以前には卒業の儀礼はあっても，個人的なものであった。たとえば寺子屋においては，もともと明確な教育課程があったわけではなく，修了はそれぞれ進度や事情によって異なっていたから，集団での修了儀礼は行われていなかった。本人と親とが師匠のところにお礼をもって挨拶に出かけるという程度のことが多かったようだ。

　また第5章でも述べたように，明治になっても，小学校で学級が成立する前の等級制だった時期には，そもそも同じ年齢の生徒がひとつの集団をつくるということはなかった。ひとつの等級には，年齢とは関係なく同じレベルの生徒が集まっていたからである。そして半年に一度，試験が行われ，それに合格すれば次の級に進級する。各級の試験が行われたあとには，その結果によって合格者に順番に証書が授与される。この試験に及第した生徒のことを，「卒業生徒」と呼んでいた。だから，「卒業生徒」というのは，試験に合格した「及第生徒」のことだったのである。

　こうした個人レベルの儀式から，徐々に卒業生や教員が全員一同に介

して一定の式次第の下で行われるようになっていく。卒業証書の授与以外にも，唱歌や校歌の斉唱，在校生の送辞，卒業生の答辞など，現在の卒業式につながるような式次第が組み込まれるようになるのである。式が終わってから茶話会や祝賀会も催されるようになる。

（2）感情の共同体

　有本真紀（2013）は，卒業式や卒業式歌の歴史について，感情共同体という視点から詳細に分析している[2]。ここでは，有本の論に依拠しながらそれらの意味について紹介していくことにする。有本によれば，このような卒業式の式次第の確立は，儀式の目的や教育的意義が「協同一致の精神」を涵養するものとして重視されるようになるのと平行して進んでいったと指摘している。

　たとえば，式次第の進行にそって，入場から唱歌の斉唱，証書授与にいたるまで，そのふるまいが細かく規定され，参加者全員が行動をあわせていくようになる。卒業式に歌う唱歌も定型化され，式の最後には全員が声を合わせて斉唱する。そうした一連の流れは，「みんなで」行う行為であることが強調され，その手順や唱歌の事前練習も念入りに行われるようになるというのである。さらに当日には，卒業生と教員の集合写真を撮影したり記念植樹を行うなど，時間が経っても集団の記憶が維持されるような配慮も組み込まれていくという[3]。

　こうして卒業式は学校生活の意味を確認しあい集団意識を高めていく上で重要な儀礼になっていくのだが，さらにそれらは〈われわれ感情〉と結びついた共同性へとつながっていく。有本によれば，卒業生と在校生による送辞と答辞にそれがよく表れているという。その例として次のような文例が紹介されている。

「嬉しきにつけてかなしきは，ひごろしたしくまじはりて兄よ姉よと貴

2）有本真紀『卒業式の歴史学』講談社メチエ，2013年
3）同書，104〜133頁

びしたひ，同じをしへの庭にまとひてうれしき事も，たのしき事も，もろともにへたてもおかず，互いにたすけたすけられし人々に，今日たもとを分つ事にぞありける」（生徒総代送別文，明治29年）
「顧れは我校生徒は寒暑風雨を厭はす，互いに手を執り，袂を連ねて校堂に昇校し，同じ日に学び，同じ時に修め，練習会にも，運動会にも，遠足にも，皆其楽を共にせさるはなし，吾等は諸君の為に一層励まされて勉強し，運動遊戯も一段の楽みを添へ，其の交兄弟の如く」（卒業生総代告別文，明治30年）[4]

　ともに学び，ともに学校生活を共有してきたことを語ることによって，集合意識が確認されるとともに，それが終わることへの寂しさが表現されるというのである[5]。同じ学校の生徒と卒業生というアイデンティティと結束感が，こうした感情とともに与えられる。卒業式は，感情共同体の確認の場としても機能するようになるのである。

（3）卒業式の歌
　感情共同体としての卒業式を盛り上げる核になるのは，卒業式歌である。歌は，メロディとともに五感を包み込むものであるため，ことば以上に一体感が醸成される。だから，現在でも授業のときに卒業式によく歌われる曲のCDを流すと，当時を思い出して思わず涙が出そうになったという学生も少なくない。ただし，卒業式でどの曲を歌ったかは世代によってちがっているから，懐かしい歌というのも異なっている。
　有本によれば，卒業式歌として長く定番になってきたのは，『仰げば尊し』と『蛍の光』だが，最初に学校の卒業式歌として導入されたのは，『蛍の光』だという。それが大晦日やデパート，居酒屋等の閉店時間にまで使われるようになっていって，この曲が流れると「終わり」なのだと思うくらい定着している。しかし，『蛍の光』の原曲であるスコット

4）同書，152〜153頁
5）同書，153頁

ランド民謡の『オールド・ラング・ザイン』の歌詞には，別れの意味はなかったようだ。明治維新後，西洋流の音楽を日本に導入するために政府が設置した音楽取調掛の長であった伊沢修二が，卒業式に歌う別れの歌として採用したのである[6]。

近年の卒業歌のなかでは，『旅立ちの日に』（小嶋登作詞，坂本浩美作曲）や『巣立ちの歌』（村野四郎作詞，岩河三郎作曲）などがよく歌われているようである。しかし卒業式歌を歌うことで，「みんな」で共にした学校生活の楽しさや懐かしさ，別れの寂しさ，新しい世界に門出する高揚感といった感情が共有され，「涙の共同化」[7]の場になることは今も同じである。

通過儀礼の「統合期」を象徴する卒業式は，感情共同体としての学校を確認しあう場としても重要なのである。

3. 思い出共同体としての学校

（1）ノスタルジアと学校

感情共同体としての学校は，学校に所属している間だけ共有されるわけではない。有本は，卒業式に歌われる歌詞には，過去，現在，未来という異なる時間軸が埋め込まれていると指摘している[8]。

卒業式の歌というわけではないが，学校時代を懐かしく振り返る歌詞で大ヒットとなった歌に，舟木一夫の『高校三年生』（丘灯至夫作詞，遠藤実作曲，1963年）がある。歌詞は次のようである。

赤い夕日が校舎をそめて　楡(にれ)の木陰に弾む声
ああ高校三年生　僕ら　離れ離れになろうとも
クラス仲間は　いつまでも
泣いた日もある　うらんだことも　思い出すだろ　なつかしく

6）同書，181〜182頁
7）有本，前掲書，9頁
8）有本，前掲書，200〜201頁

ああ高校三年生　僕ら　フォークダンスの手をとれば
甘くにおうよ　黒髪が
残り少ない　日数を胸に　夢がはばたく　遠い空
ああ高校三年生　僕ら　道はそれぞれ別れても
越えて　歌おう　この歌を
(JASRAC 出 1611079-103)

　ここでも，学校時代の懐かしい日々（過去），あと残りわずかになってきた学校生活（現在），そして道は別れても忘れないでいよう（未来）というように，過去・現在・未来の時間がつながった感情共同体がイメージされている。さらに，学校の思い出を呼び起こすものとして，「校舎」，「楡の木陰」といった場所の思い出や，「フォークダンス」，「黒髪の香り」といった身体的，感覚的な記憶も描かれている。これらが溶け合って懐かしさという感情が醸成されるのである。

　このような感情共同体としての学校の思い出は，学校に在籍している間だけでなく，卒業してからも場所や感覚の記憶とともに維持されていくことが多い。この歌が出た1963年には，高校進学率が66.8％，大学・短大進学率が23.1％に達している。高校進学率がユニバーサル化し，青春歌謡を好む若者層の中心が勤労青年から高校生に移っていくものの，まだ大学進学率はさほど高くなかった時期である。多くの人にとって高校卒業が学校時代の終わりを意味していた時代背景が，この歌への広い共感を呼んだのだろう。

（2）ノスタルジアとは

　このような過去への懐かしさをともなった感情は，一般にノスタルジアと呼ばれる。ノスタルジアということばは，もともとギリシア語で「家に帰る」という意味のnostosと「苦痛」という意味のAlgiaが一緒になったもので，17世紀後半にスイス人医師のヨハネス・ホーファーが創ったといわれている[9]。故国から遠く離れてどこかの軍隊に所属し闘っていたスイス人の傭兵のなかに極度のホームシックに罹る人がいたことから，その症状を「ノスタルジア」と呼んだのである。その症状は，失意,

抑うつ，情緒不安定で，激しく泣き出したり，食欲不振に陥ったり，なかには自殺未遂をするものもあったという[10]。ノスタルジアは，最初は病気の一種として見出されたのである。

　しかし，1950年代以降は，より一般的な日常の情動のひとつとしてとらえられるようになった。一般にノスタルジアが発生しやすいのは，「なつかしい過去＝ホーム」が失われて戻れないという状態に置かれたときであるという。たとえば，近代化や都市化によって離れて暮らすようになった「故郷」，大人と子どもの分離によって不可逆の時間になった「子ども時代」，時代の流れのなかで消えてしまった「昭和の時代」へのノスタルジアなどは，すぐに思い浮かぶだろう。卒業したあとの「学校時代」「学生時代」もそのひとつである。

　ノスタルジアとして思い出されるのは，過去の経験や出来事である。しかし，それらは過去の現実そのものではない。思い出とは，「大部分，現在から借用した所与の力を借りて過去を再構成すること」[11]であり，ノスタルジアという感情は，過去を契機としつつそれらを現在のなかに再生することによって創りだされるもうひとつの「現実」なのである。

　それはまた，ひとりだけで創りだすわけではない。M. アルヴァックスは次のように述べている。

　「思い出を得るためには，過ぎ去った出来事のイメージをバラバラに再構成するだけでは十分ではない。この再構成は，われわれの心の中だけでなく他の人びとの心にも存在する共通の所与や観念を出発点としてなされなければならない。なぜならそれらの所与や観念は，われわれの心から他人の心や，またその反対へと，絶えず繰り返して動いていくのであるが，それが可能になるのはそれらが同一社会の部分をなしており，しかもずっと続けて同じ社会に属しているからである」[12]

---

9) F. デーヴィス，間場寿一他訳『ノスタルジアの社会学』世界思想社，1990年
10) 同書
11) M. アルヴァックス，小関藤一郎訳『集合的記憶』行路社，1989年，73頁
12) 同書，16頁

思い出のなかにでてくるのは，他者とともにした過去であり，それを思い出す契機は現在にある。その思い出は，他者との間で創りだされ再構成される「集合的記憶」である。学校時代へのノスタルジアは病気ではもちろんないが，単に過去に回帰したいという後ろ向きの感情というだけでもない。現在と未来をより豊かにするための意味世界の創り直しの源泉にもなりうるものなのである。

　では，思い出共同体としての学校は，どのように創りだされ，維持されていくのだろうか。現実の学校生活は，必ずしもいいことや楽しいことばかりではなく，思い出したくないような経験や出来事もあっただろう。しかし，思い出のなかの学校は，よりポジティブな形で再生されることが多い。そうした学校の集合的記憶やノスタルジアを再生し維持していく文化装置のひとつが，同窓会である。

4．同窓会という装置

（1）思い出共同体としての同窓会

　同窓会は，かつて同じ学校（クラス）だったということだけでつながっている特殊な集団である。同窓会に出席する楽しみはさまざまである。卒業してから一度も会ったことのない同級生と会う楽しみ，昔に戻った気持ちでふるまう楽しみ，母校の様子を見る楽しみ等々。

　同窓会やクラス会の席上では，互いに守ることが前提になっている暗黙のルールがある。たとえば，当時の思い出やエピソードを語り合うこと，現在の地位や収入のことをあからさまに話題にしないこと，欠席している人の悪口をいわないこと，旧姓や当時のニックネームで呼び合うことなどである。そうした暗黙のルールにしたがいながら，参加者たちが過去に戻って学校時代を追体験することによって，懐かしさや集合意識を再生・維持する「思い出共同体」が創りだされるのである。

　そうした「思い出共同体」を再生するために，同窓会ではどのような

ことが行われるのだろうか。たとえば，旧制高等学校や旧制の高等女学校のように，今はなくなってしまった学校の卒業生にとって，同窓会やクラス会は学校時代を思い出し旧交を温める重要な機会である。だから，定期的な同窓会はもちろん，同窓会誌の発行や旅行会，サークル活動やその発表会，バザーなど一年に何度も集まる機会を設けていることも少なくない。とくに女学校卒業者の場合，女学生時代の親しい友人との関係をずっと持続していることも多く，現在でもどこか女学校文化の香りをもっている人も少なくない。趣味の活動や旅行会などのイベントを通して，女学生時代の感受性やふるまいが現在まで維持されているのである[13]。

　その意味では，同窓会という「思い出共同体」は，それを構成する個々人にとって，自身の過去と現在を往復させ，人生の意味をより豊かなものにしていく上で，重要な機能をはたすものだということができるだろう。

（2）社会関係資本としての同窓会

　しかし，同窓会の果たす役割はそれだけではない。「思い出共同体」という信頼と絆を土台にしたネットワークの力（「社会関係資本」）として機能する面も少なくないのである。たとえば，同窓会組織は，そのネットワークを利用した基金集めや，就職や結婚の紹介などにも力をもつ。女学校同窓会のなかには，結婚相談所を開いて同窓生の親族の縁談を仲介しているところもある。同窓会活動には，過去の学校時代の思い出を媒介とした「思い出共同体」と同時に，その愛着と信頼をベースにした社会関係資本として機能する側面も存在しているのである。

　黄順姫（2007）は，こうした観点から同窓会の活動とその社会的機能を詳細に分析している[14]。黄がフィールドとした福岡の進学校（高校）では，当番幹事制の同窓会運営，同窓会誌発行，卒業〇〇周年事業，母

13）稲垣恭子『女学校と女学生』中公新書，2007年
14）黄順姫『同窓会の社会学―学校的身体文化・信頼・ネットワーク』世界思想社，2007年

校への募金事業，さらに趣味サークル・部活動のOB会や在校生への援助・指導活動など，多彩な活動を活発に行っている。黄によれば，卒業生たちは，こうした活動に参加し，親睦を深めていくことによって，「同窓生」というアイデンティティを獲得していくという。それも，かつての同級生との「思い出共同体」の絆が再認されるだけでなく，世代を超えた同窓生同士の連帯意識へと拡大されるというのである。

さらに，同窓会活動を通して形成したネットワークが，仕事上の関係に発展したり，選挙の際の応援や組織化につながっていくこともあるという[15]。「思い出共同体」の結束と相互の信頼に基づいたネットワークが，社会関係資本としても機能しているのである。

社会関係資本（social capital）とは，他者との関係やネットワークがもたらす資源や利益の総体である。同じネットワークに属し，日常的なコミュニケーションを行っていると，そのなかに溶け込み同じ文化が共有されていくようになる。そこには親近感と信頼が生まれ，困った時に相談したり助けあったりすることも起こってくる。いわば，社会関係やネットワークがそうした活動の資本ないしは資源になるのである。そのプラスの側面としては，ネットワークに所属する人々の間に信頼や愛着が生まれ，それを基にして社会的活動が盛り上がったり，社会的貢献に寄与したりすることがあるだろう。一方，そうしたつながりは一定の範囲内に閉じられた閉鎖集団の側面ももっており，その恩恵を受けられる人と受けられない人の間に不平等が生じるというマイナスの側面もある。そのいずれに着目するかによって，社会関係資本の定義やその機能についての見かたも異なってくるのである。

同窓会ネットワークの場合も，同窓生の間の信頼や結束をつくり利益を生みだすというネットワークとしての社会的機能をもつ一方で，それが「コネの力」として他の集団や人々の排除につながる面ももっている。同窓会の力には，そうした両面が含まれているのである。

---

[15] 同書

5. 意味空間としての学校

　学校は，フォーマル・カリキュラムにそった教授＝学習の過程を通して知的達成を目標とする道具的（instrumental）な側面と，同じ空間を共有しそこでの生活を意味づけ社会化していく情緒的（emotional）な側面の両方をもっている。

　本章では，「感情共同体としての学校」という側面に光をあてることによって，学校が感情を共有しアイデンティティの基盤を形成していく通過儀礼の場として機能していることを述べてきた。それは学校時代だけでなく，卒業後も「思い出共同体」として再構成され維持されていくと同時に，社会関係資本として機能する面もある。

　しかし現在の学校においては，このような感情共同体は必ずしも普遍的なものではなくなりつつある。とくに，学校への期待や信頼が揺らぎ始める1970年代後半以降は，集合的記憶の場としての学校の意味が希薄化しつつある。学校が通過儀礼としての意味を喪失し現状適応的な場になっていくなかで，学校文化がどのように変化しあるいは分化していくのかについて検討していくことも重要な課題である。

研究課題

・現在の学校において，感情共同体としての側面はどのようにして維持されているのだろうか。具体的に考えてみよう。
・ドラマや映画，小説などで，「思い出共同体」としての学校がどのように描かれているのか調べてみよう。
・自分の同窓会を振り返ったり，周りの人の同窓会の話を聞いてみよう。同窓会で語られやすい思い出やエピソードはあるだろうか。それは参加者のどのような感情を引き起こすのだろうか。具体的に書き出してみよう。
・海外にも日本と同じような入学式や卒業式は存在するのだろうか。ひとつの国の入学式と卒業式について調べ，参加者やプログラム，そこで

みられる感情といった側面から，日本と似ている点と異なっている点をまとめてみよう。また，そこにみられる学校という場についての人々の考えの相違点を考えてみよう。

参考・引用文献

M.アルヴァックス，小関藤一郎訳『集合的記憶』（行路社，1989年）
有本真紀『卒業式の歴史学』（講談社メチエ，2013年）
北澤毅編『文化としての涙　感情経験の社会学的研究』（勁草書房，2012年）
J.キャンベル，平田武靖，浅輪幸夫 監訳『千の顔をもつ英雄（上・下）』（人文書院，1984年）
J.コールマン，久慈利武監訳『社会理論の基礎　上・下』（青木書店，2004年，2006年）
F.デーヴィス，間場寿一他訳『ノスタルジアの社会学』（世界思想社，1990年）
黄順姫『同窓会の社会学―学校的身体文化・信頼・ネットワーク』（世界思想社，2007年）
Field, J., *Social Capital. Routledge*, 2003
A.v.ヘネップ，『通過儀礼』（綾部恒雄・綾部裕子訳，弘文堂，1977）
稲垣恭子『女学校と女学生』（中公新書，2007年）
野沢慎二編・監訳『リーディングス　ネットワーク論―家族・コミュニティ・社会関係資本』（勁草書房，2006年）
V.ターナー，富倉光雄訳『儀礼の過程』（思索社，1976年）

7 生徒文化と学校空間の変容

　学校生活を通して身につけられる文化のなかで，学校の物理的空間や規則，慣習など予め用意されたもののほかに，生徒たち自身によってつくられていく生徒文化＝サブカルチャーも重要な役割をもっている。とくに近年，メディアなどによる若者文化の浸透によって，サブカルチャーにも大きな変化がみられる。それにともなって，学校の意味も，通過儀礼の場から現状適応的な居場所へと変容しつつあるといわれる。
　本章では，主に高校生のサブカルチャーを軸にしてその特質や変化をたどりながら，サブカルチャーの意味やそれにともなう学校空間の変容について考えていくことにしたい。
【キーワード】 サブカルチャー，反学校文化，消費社会，教育の市場化，全制的施設，コンサマトリー，学校神話，制服

1. 生徒文化の変容

（1）生徒文化とは

　学校段階を問わず，学校生活になじんでくると，生徒同士の間でグループができていくことが多い。優等生グループ，ヤンキーグループ，オタクグループなどさまざまなタイプがみられるが，もともと同じ興味関心をもつ者同士がグループをつくることもあれば，休憩時間や放課後に集まって話したりしているうちに，同じ価値観やスタイルを共有するようになっていく場合もある。同じグループの生徒たちは，彼ら独自のスタイルや行動によって，他の生徒たちと差異化したりその存在をアピールすることも少なくない。
　このように，生徒同士の間でつくられていく下位集団の文化のことを，

生徒文化（サブカルチャー）という（以下，サブカルチャーとする）。生徒文化には，学校の伝統や慣習，規則といった学校の中心的な文化と同質的なタイプ（向学校文化）や，それとは対立するようなタイプ（反学校文化），また学校外の生活に力点をおくタイプ（非学校文化）などがある。このような生徒文化は，学校や地域によって異なると同時に，時代によっても変化してきている。

こうした生徒特有の文化は，旧制の高等学校や高等女学校にも存在していたが，当時の旧制高校や高等女学校に進学する層はごく限られていたから，同じ年齢層の人たちに広く共有されていたわけではなかった。

戦後とくに1970年代以降になると，進学率の上昇と教育の大衆化にともなって，学校タイプや地域によって，またひとつの学校の中でもさまざまなサブカルチャーが現れるようになった。さらに1990年前後からは，消費文化やメディア文化の浸透によって，サブカルチャーも学校の意味も大きく変容していった。

本章では，こうしたサブカルチャーの特徴やそのとらえかたがどのように変化してきたのかを主に高校生の生徒文化を軸にしてたどりながら，学校空間の意味の変容と現在について考えたい。

（2）サブカルチャーの分化

サブカルチャーにさまざまなタイプがあることが注目されるようになったのは，1970年あたりからである。高校進学率はすでに90％を超え，同年齢のほとんどが高校生として過ごすようになった時期である。そのなかには，大学進学をめざして勉強に励む生徒から，授業についていけなくなって落ちこぼれていく生徒，学校の授業や規則に反発を覚えて反抗する生徒なども現れてくる。いわゆる進学校では学校文化と同質的・連続的なサブカルチャー（向学校文化）が優勢になる一方，非進学校では学校の期待とは方向の異なる反学校的あるいは脱学校的なサブカルチャーが目立つようになる。同じことは学校内部でも生じてくる。成績のいい生徒のグループでは勉強志向のサブカルチャーが，成績のかんばしくない生徒グループではあそび志向や逸脱的なサブカルチャーが共有

されるといった具合である。

　そうしたサブカルチャーの分化に焦点をあてた研究として，たとえば武内清（1982）がある。そこでは，受験を生活の中心に置きながら生徒会などの活動にも積極的な「勉強型」，クラブやHR活動を大切にし，学校生活を楽しんでいる「エンジョイ型」，授業にも社会にも関心が低く，将来に対する具体的な展望ももたない「なげやり型」，友人や家庭生活など周囲の人間関係にすべて不満をもつ「孤立型」という4つのタイプに分類されている。そして，たとえば「勉強型」の生徒は国公立進学希望者に多く，エンジョイ型は短大希望者に，「なげやり型」は就職希望や各種学校進学希望者に多いというように，それぞれ高校卒業後の進路希望と対応していることが指摘されている[1]。

　このように，この時期のサブカルチャーは，生徒が創りだす自律的な文化というよりも，進学校，非進学校といった選抜による文脈効果としてつくられていった側面が強い。つまり，学校の格差構造に対応する形でサブカルチャーが形成され，そのなかに適応することによって格差構造を補強することになっていたというのである。その意味では，生徒のサブカルチャーが学校の権威を大きく揺るがせたり，学校神話自体を掘り崩すものではなかったのである。

（3）反学校文化の顕在化

　1970年代後半あたりから顕在化するようになったのは，学校の期待や志向そのものに反発する反学校的な生徒文化である。高校はすでにユニバーサル段階，大学・短大への進学率もマス段階に入って一般化していくのと対応して，対教師暴力や不登校などが「学校問題」として社会的にも注目を浴びるようになった。そうした状況のなかで，それまで「逸脱」「落ちこぼれ」として問題視されていた生徒たちの反学校的・脱学校的な生徒文化を，学校のシステムや権威に対する批判と抵抗を示す「対

1）武内清「現代高校生の下位文化」『現代のエスプリ　高校生―学校格差の中で』至文堂，1983年

抗文化（カウンターカルチャー）」＝「反学校文化」としてとらえる見かたも現れてきたのである。

そうした反学校文化の例として，ここではまず，P.ウィリスが描いたイギリスの労働者階級の男子のサブカルチャーを取り上げてみよう[2]。ウィリスは，公立高校（セカンダリーモダンスクール）に通う生徒たちのなかでも，とくに「学業に背を向けた」男子生徒12人に焦点をあて，彼らの学校や教師に対する反抗的な態度や行動の意味について詳細に分析を行っている。そこから，彼らの態度や行動が単に学業ができないために「落ちこぼれて」いるのではなく，学校が要求する「将来のために」「まじめに」勉強するという中産階級的な文化や欲望を拒否し，自分たち自身で生の意味を見出そうとする自律的な文化であることを説得的に描き出している。その一方で，よりマクロな視点からみると，彼らの反学校的な文化が父親と同じ労働者文化と呼応することによって，卒業後の労働世界のなかで階層の再生産の安定に寄与するという皮肉な結果が生じることも指摘されている[2]。

階層文化との直接的な関係はともかく，日本においても1970年代後半あたりから，不登校や中退などの現象が広範な広がりをみせるようになるのにともなって，学校に適応することへの疑念が顕在化するようになる。学校批判のニュアンスを帯びた反学校的な気分は，たとえば尾崎豊の『卒業』の歌詞にも表れている。「行儀よくまじめなんて　出来やしなかった　夜の校舎　窓ガラス壊してまわった　逆らい続け　あがき続けた　早く自由になりたかった（中略）この支配からの　卒業[3]」という歌詞に，当時，実際にはそうした行動にでなかった生徒たちも含めて，共感をもった高校生も少なくなかった。規則や規範の意味が実感できなくなることは，学校教育が生徒の将来にとって意味のある場だという暗黙の前提（学校神話）とそれに基づく権威の根拠が揺らぎはじめていることがうかがえる。

2) P.ウィリス, 熊沢誠・山田潤訳『ハマータウンの野郎ども』筑摩書房, 1985年
3) JASRAC 出 1611079-601

しかし，そうした反学校文化には，反発と同時に学校への強いこだわりも存在していた。当時流行した「ツッパリ」や「スケバン」といったスタイルが，制服を改造した独特のものだったことにも，そうした学校への反抗とこだわりを読み取ることができるだろう。「落ちこぼれ」文化も，より学校に対抗的な文化も，程度の差はあっても学校の権威や力へのこだわりとそれゆえの拒否感という点では共通している。学校に強制力があるという前提があるからこそ，サブカルチャーがそこから距離をとり対抗する拠り所になっていたのである。

2. コンサマトリー化する学校

(1) 多様化するサブカルチャー

ところが，1990年あたりから顕在化してきたのは，そうした学校への明確な反抗や拒否感を表明するようなサブカルチャーが後退し，むしろ学校に適応しつつさまざまな意味づけによって棲み分けていく多様なサブカルチャーが現れてきたことである。

そのわかりやすい例として，制服ファッションの変化を取り上げてみよう。1970～1980年代あたりまでは，少数の私立学校を除けば，制服は画一的で無個性な「生徒」という単一のカテゴリーに押し込めるものというイメージが強かった。実際，女子制服のスカートの長さやプリーツの本数など細かい規定を設けている学校も多く，制服を着崩すことが「不良化」の徴候とみられたりした。高校紛争の際に制服撤廃が掲げられたのも，制服が管理教育の象徴ととらえられていたことを示している。

1970年代後半から1980年初め頃に現れた「ツッパリ」や「スケバン」のスタイルも，その延長上にある反学校的な気分を表象するものだった。制服を改造したり着崩したりすることで，学校の権威や管理への抵抗感や自由を示す意思表示だったのである。

ところが，1980年代後半あたりから，制服の意味が変化したという指摘がされるようになった。東京都内の女子高生の制服を細部まで観察し，151校分の女子制服のイラスト集をつくった森伸之（1992）は，1987年

頃からスカート丈が短くなり，ルーズソックスやオーバーサイズのニットといった制服のアイテムや着こなしのバリエーションが豊富になったという[4]。さらに各アイテムについても，たとえばルーズソックスの長さやゆるさにも少しずつ変化や違いがみられるなど，細部にいたるまで差異化が進んでいった。そうした多様な選択肢のなかから自分流にカスタマイズした着こなしを楽しむようになったというのである。こうしたミニスカートにルーズソックスという女子中高生の制服ファッションは，それまでの学校制服のイメージとはかなり異質であり，海外のメディアでもしばしば取り上げられることもあった。

大きく変わったのは，制服というと無個性で単一のお仕着せ，あるいは学校の管理を象徴するものというイメージから，自分らしさを演出するファッションとして楽しむものになったことである。制服は管理ではなく学校のブランド・イメージを，細部の差異や着こなしの多様性は反抗ではなく個性を示すものになったのである。

1990年代には制服の意味もスクールアイデンティティや個性を示す記号になっていったが，それと対応して学校のなかでのサブカルチャーも多様化する。たとえば，宮崎あゆみ（1993）は，女子高校におけるフィールドワークから，「勉強グループ」「オタッキーグループ」「ヤンキーグループ」「一般グループ」の4つのタイプを抽出している[5]。

それぞれのグループの特徴がよく現れているのが制服の着かたである。スカートの長さ，ベルトの着用，胸当ての高さ，カフスボタン，ブラウスの着かた，かばんの飾り，髪型，化粧など，細部にわたってそれぞれ異なっているという。たとえば，勉強グループやオタッキーグループは概ね学校の規定どおりの着用のしかたをしているのに対して，ヤンキーグループと一般グループはそれぞれ大きく改造した着かたをしている。一般グループもヤンキーグループもスカートを短くしているのは共

4）森伸之『東京女子高制服図鑑』'93年度版　弓立社，1992年
5）宮崎あゆみ「ジェンダー・サブカルチャーのダイナミクス―女子高におけるエスノグラフィーをもとに―」『教育社会学研究』第52集，1993年

通しているが，ヤンキーグループではより短いスカート，脱色した茶色の髪，化粧など，より改造の程度が大きくなっているという。宮崎は，制服の着かたには，それぞれのグループの女性性やセクシュアリティへの態度や評価，学校外の世界での行動範囲や趣味などのちがいが目にみえる形で表現されており，互いにそれを意識し差異化の手段にしていると指摘している。

このように，ジェンダーを軸として，学校での勉強，外の世界とのつながりなどさまざまな要素が組み合わさった多様なサブカルチャーが，学校への適応のしかたやアイデンティティを支えるようになったのである。

（2）コンサマトリーな場へ

こうした制服の変化にもみられるように，サブカルチャーから徐々に学校の存在が希薄になってきたことがうかがえる。学校へのこだわりが薄れてきたのである。樋田大二郎ら（2000）は，1979年から1997年の間の20年間に高等学校と高校生活がどのように変化していったかについて，同じ対象への同じ調査によって比較・検討している[6]。そのなかで，たとえば勉強することの意味が見出しにくい生徒が増えている一方，成績へのこだわりは以前より希薄化し，現状肯定的になっていることが指摘されている。勉強の意味は感じられなくても，成績は気にしていた20年前とは大きくちがってきたという。全体に競争システムによって生徒が焚きつけられにくくなってきたことが推察されるのである。

また，学校への適応という観点からみると，「学校のやり方に不満を感じる」者の割合や，「クラスにとけこめない」あるいは「ほかの高校にかわりたい」といった，学校への不適応感を感じる者の割合が減少する一方で，「学校生活が楽しい」「はりあいを感じる」「その学校の生徒であることが誇りである」という生徒も減っていることも指摘されてい

---

6) 樋田大二郎，耳塚寛明，岩木秀夫，苅谷剛彦編『高校生文化と進路形成の変容』学事出版，2000年

る。高校生にとって、学校はとくに嫌ではないがアイデンティティを感じられる場ではない、「たんなる通過点」[7]に過ぎなくなってきたことがうかがえるというのである。

さらに、教師のもっている生徒観にも変化がみられるという。規則違反の生徒や学校や授業に不満をもつ生徒など、特定のタイプの生徒を問題視する割合が減少し、さまざまなタイプの生徒を好ましいとみる割合が増えたのである[8]。生徒を一定の規則に従わせコントロールすることから、生徒にとって居心地のいい場になることが優先されるようになったことがうかがえる。「生徒たちが学業・学校生活から、学校ランクにかかわらず離脱傾向を強めているようにみえること、教員のパースペクティブが全体として「問題視」型から「許容」型へと変化しつつあること」[9]が、20年間の大きな変化だと指摘されている。

このような変化は、学校が生徒の生活全体に介入しコントロールする「全制的施設」（total institution）から、ありのままを受け入れられる居心地のいい空間＝居場所へと移行したことを示唆している。「全制的施設」とは、同じような境遇におかれた者が一定期間、社会から遮断された状態で、管理された日常生活を営む施設や場所のことを指すE.ゴフマンの造語である[10]。「全制的施設」では、個人の名前ではなく番号によって識別され、同じ規則のもとに与えられた仕事を要請される。失敗すれば処分が行われる。刑務所がその典型だが、養護施設、軍隊、寄宿学校、修道院などもその例とされている。同じ規則や規律の下で生活する学校教育も全制的施設の特徴をもった場としてとらえられることもあった。

しかし近年の学校は、これまでのように生徒たちを一律にコントロールする場としてではなく、それとは逆に、できるだけ制約や強制を避けて現在を楽しむコンサマトリー（現在志向）な場として機能するようになってきたのである。

---

7) 同書, 191頁
8) 同書, 125～128頁
9) 同書, 218頁
10) E.ゴフマン, 石黒毅訳『アサイラム』誠信書房, 1984年

こうした変化の背景に，1980年代後半からの一連の教育改革があることはしばしば指摘されている。その端緒となった1980年代半ばの臨時教育審議会では，それまでの教育を「画一教育」として批判し，それに対して「個性重視の原則」を理念に掲げた。それをきっかけに，いわゆる「第3の教育改革」が，各学校段階において実施されることになった。

　そうした一連の改革のなかで，受験を中心とした詰め込み教育から，生徒一人ひとりの自発性と個性を尊重する教育へ，そのためには叱るよりも褒める，カリキュラムにそった授業よりも生徒の興味・関心を中心にした授業が重視されるようになる。また，学校行事の縮小や学校5日制の導入等によって，学校が生徒の行動を管理し規律化する範囲や拘束力も弱くなっていった。学習面，生活指導面の両方において学校の主導力が弱まり，生徒の選択や行動の自由が拡大される。「ゆとり」「個性尊重」「生きる力」を柱にした一連の改革のなかで，学校という空間の意味も変化していくことになったのである。

（3）消費社会のなかの学校

　もうひとつ学校空間の意味の変容にとって重要なのが，この時期に進んだ消費社会化とメディアの急速な拡大と進展であろう。現代的な消費社会の特徴は，消費者が画一的な消費には飽きたらなくなり，より新しい商品，よりトレンド感のある商品というように，機能よりも記号の差異を消費することに重点が移行することにある。たとえば，冷蔵庫ひとつをとっても，容量や機能だけでなく形や色といったデザインや好みがインテリアに合っているかどうかが重視される。あるいは，都心で生活していてオフロードやツーリングの趣味があるわけではないのに，SUV車を購入するなどもその例である。ワイルドなイメージ，トレンド感のある生活というイメージを購入しているわけである。つまり，モノそのものよりもそれが発するイメージ（らしさ）が欲望の対象になるのである。

　そうしたイメージは商品そのものにはじめから備わっているわけではない。たいていは，雑誌やインターネットに掲載された広告や写真など

を通して，イメージが広がり共有されていくのである。したがって，それを流通させていくメディアが重要な役割をもつことになる。

　イメージ（記号）の消費が魅力的なのは，商品を買うことで「私らしさ」や「なりたい自分」を演出することができることにある。あるブランドの商品を購入することは，そのブランドが発するイメージを「私」のイメージとして購入することである。人気のあるブランドのファッションを身につけることによって，自分自身が他者から賞賛と羨望のまなざしを受ける気分になれる。しかし，それも一般化しすぎると陳腐になっていく。他の人とかぶらない「より私らしい私」を求める欲望に対応して，細分化された多様な商品が生み出され，それによってさまざまな「私」に変身していくことが可能になる。消費社会における個性とは商品の差異によって表現されうるものなのである。

　こうした消費社会の価値観は，学校外だけにとどまらず学校のなかにも浸透していく。これまで，学校に所属している期間はまだ社会的なポジションをもっていない「過渡期」としてとらえられてきた。つまり，現在は将来こうなりたいとおもっている自分を実現するための準備期間とみるのが一般的だったのである。そのためには，今やりたいことも我慢しなければならないこともある。

　ところが，消費社会においては，そのときそのときの気分や価値観に合わせて「なりたい私」を演出し，取り替えていくことができるという現在志向の価値意識を前面化させる。「将来」や「未来」という時間軸は後退し，「現在」が目の前に広がっていくのである。

　消費社会とメディアによって社会全体に広がるこのコンサマトリーな志向は，学校のなかにも浸透していく。学校はもはや個人の生活全体を管理し規律化する全制的施設ではなく，生徒それぞれにとって居心地のよい居場所へと変化していくのである。

　制服のイメージが塗り替えられていったのも，学校の消費社会化，コンサマトリー化と無関係ではない。先にみてきたように，1990年前後からの制服は，学校のブランドの表示であると同時に，その着こなしや細部のアイテムの差異化によって自分らしさを演出するファッションとし

て受容されていったのである。

　これに対応して、学校の側も制服を生徒の好みに合わせ、学校につなぎとめる戦略として積極的に利用するようになった[11]。大多和直樹（2014）によれば、かつては私立の「ブランド校」に導入されていたタータンチェックの制服が、公立高校にも採用されるようになったという[12]。メディアを通した消費文化の学校への浸透と、学校側の消費文化の積極的な利用という両方向から、学校の消費社会化とコンサマトリー化が浸透していったことを示すわかりやすい例ということができるだろう。サブカルチャーは、かつてのような向学校文化／反学校文化のような学校的価値への反応を軸にしたものではなく、学校と社会の境界を超え、メディアと消費社会化と連動したサブカルチャーになっていったのである。

3. 市場化する学校

　学校は、家庭や社会とはいったん切り離された独特の空間であり、そこでは学校のフォーマルな目的とは別にさまざまな意味づけが与えられる。1950年代後半から1970年代前半にかけては、教育が大きく拡大し高等学校への進学率が90パーセントを超えて普遍化していったが、そうした学校の量的拡大を支えてきたのは、学校への高い期待と信頼であった。学校ではさまざまな規則や規範によってコントロールされる面も大きかったが、それらは将来の夢や目標の実現のために必要な期間として解釈され受容された。そうした学校神話が、無味乾燥におもえたり挫折をともなったりすることもある学校生活を意味づけ維持していったのである。学校生活が通過儀礼としての機能を果たしていたということもできるだろう。

　しかし、そうした学校への楽観的な期待が翳りをみせ、学校問題や教

---

11) 大多和直樹『放課後の社会学』北樹出版, 2014年
12) 同書, 136頁

育問題が顕在化するようになる1970年代後半あたりから，学校の権威とそれを支えてきた学校神話が揺らぎはじめる。反学校文化はそれを象徴する現象だったといえるだろう。そうなると，それまで学校神話の下で自明視されていた規則や規範，教師の権威などが無意味なコントロールにみえてくる。

　学校が学校神話に支えられた共通の意味空間ではなくなっていくなかで，学校はさまざまな意味づけやニーズに答えるコンサマトリーな場へと変容していくことになった。サブカルチャーをとおして消費社会化が学校のなかにも浸透していったことも大きい。

　しかし一方で，学校が自律的な物語（神話）を提供できなくなるのに代わって，学校の意味を補填するものとして市場の論理が学校のなかに導入されるようになる。消費社会化が浸透していくなかで，教育＝顧客サービスという見かたが教師にも生徒，親にも共有されるようになっていった。どのような教育を与えるかという判断は，学校や教師ではなく親や生徒自身に委ねられることになったのである。

　このような教育の市場化のなかで，良質のサービスを提供できる学校とそうでない学校の間に格差が生じてくる。どのサービスを選択するかは，家庭の社会的・経済的背景に大きく影響されることになる。その結果，家庭の文化資本が子どもの学校教育の質や将来にストレートに影響することも生じるのである。

　意味空間としての学校は，通過儀礼から全制的施設，コンサマトリー的な居場所を経て，市場化のなかに包摂されつつあるとみることができるだろう。

研究課題

・中学生や高校生を描いた小説や映画を手がかりにしながら，現代のサブカルチャーについて，本文で取り上げられている1980年代，1990年代のものと比較してみよう。なくなったグループや新しいグループがあるだろうか。グループの間の境界はかつてと同じようなものだろうか。
・教育の自由化・市場化の利点と問題点として，どのようなことが議論されているか。調べてそれぞれ書き出し整理してみよう。

参考・引用文献

E.ゴフマン，石黒毅訳『アサイラム』（誠信書房，1984年）
樋田大二郎，耳塚寛明，岩木秀夫，苅谷剛彦編『高校生文化と進路形成の変容』（学事出版，2000年）
伊藤茂樹「青年文化と学校の90年代」『教育社会学研究』（第70集，2002年）
香川めい，児玉英靖，相澤真一『〈高卒当然社会〉の戦後史』（新曜社，2014年）
古賀正義編『〈子ども問題〉からみた学校世界』（教育出版，1999年）
宮台真司『制服少女たちの選択』（講談社，1994年）
宮崎あゆみ「ジェンダー・サブカルチャーのダイナミクス―女子高におけるエスノグラフィーをもとに―」『教育社会学研究』（第52集，1993年）
森伸之『東京女子高制服図鑑』'93年度版（弓立社，1992年）
大多和直樹『放課後の社会学』（北樹出版，2014年）
大塚英志『「おたく」の精神史―1980年代論』（朝日文庫，2007年）
酒井朗『教育臨床社会学の可能性』（勁草書房，2014年）
P.ウィリス，熊沢誠・山田潤訳『ハマータウンの野郎ども』（筑摩書房，1985年）

8 学生文化と教養の変容

　現在，日本の大学進学率は50％を超えてユニバーサル化している。大学の大衆化が進むなかで学生文化はどのように変容してきたのだろうか。この章では，戦前から現在にいたる学生文化の変容過程を，読書と教養という視点を軸に概観し，大学と学生文化の現在について考える。
【キーワード】読書，教養主義，旧制高校，消費文化，大学の文化形成機能

1. 学生文化は変わったか

(1) 読書から勉強へ

　大学生が本を読まなくなったといわれるようになってから久しい。といっても，その意味はさまざまである。本自体を読む習慣が少なくなったという場合もあれば，マンガや週刊誌は読んでも思想書や哲学書などの人文書を読まなくなったという場合もある。また，インターネットの普及によって情報が手早く入手できるようになったために，読書の必要がなくなったというメディアの変化が強調される場合もある。いずれにしても，大学生になったら必ず読むべきとされる本があって，それらを読んでいなければ恥ずかしいというような，規範的文化としての読書というのはなくなりつつあるといってもいいだろう。
　しかし，読書が学生文化の中心ではなくなったからといって，大学生が勉強しなくなったとか不まじめになったというわけではない。むしろ2000年頃からは，それまでとはちがって，授業には欠かさず出席し，卒業単位を超えた単位数を取得して卒業する。また，学内・学外を問わず種々の資格取得にも積極的に取り組む。そういうまじめで勤勉な学生が

多くなったという指摘がよくみられるようになったのである。

(2) 高等教育の拡大

このような学生文化の変化の背景としてよく挙げられるのが，高等教育の量的拡大と大衆化である。よく知られているように，M. トロウは，高等教育への進学率の変化と学生の進学意識や学力，態度の変化を合わせた発展段階論を提示している。すなわち，同年齢人口における進学率が15％までの「エリート段階」，15％を超え50％までの「マス段階」，50％を超えた「ユニバーサル段階」の3段階である[1]。日本では，1960年代後半にマス化し，1998年に大学・短大進学率がほぼ50％，2009年には4年制大学への進学率が50％を超えてユニバーサル段階に入っている。高等教育の量的拡大からみると，2000年前後からユニバーサル時代に入ったということができるだろう。

伊藤彰浩（2013）は，これをさらに5段階に区分して，敗戦から1960年前後までを「発足期」，1960年前後から75年頃までを「拡大期」，75年頃から86年頃までを「停滞期」，86年ころから2000年頃までを「再拡大期Ⅰ」，それ以降を「再拡大期Ⅱ」としている[2]。

図1[3]をみると，1960年代から70年代後半の「拡大期」と1985年頃以降の「再拡大期Ⅰ」に在学者数，進学率ともに大きく増加している。伊藤によれば，これらの時期は，それぞれ第一次ベビーブーム，第二次ベビーブーム世代が大学進学年齢に達した時期であるという。これに対応する受け皿となったのが，拡充政策をとった私立大学であった。戦後の教育の大衆化はおもに私立大学の拡大によって支えられてきたのである。2000年以降の「再拡大期Ⅱ」は，少子化の影響もあって在学者数の

1）M. トロウ，天野郁夫・喜多村和之訳『高学歴社会の大学―エリートからマスへ』東京大学出版会，1976年
2）伊藤彰浩「大学大衆化への過程」広田照幸他編『大衆化する大学』岩波書店，2013年
3）同書，20頁より転載

増加は止まるが,進学率のペースは増加し続ける時期である。それまでの拡大期が在学者数も増加していったのとは質的に異なっており,学生文化もそれまでとはちがった傾向をみせるようになる。

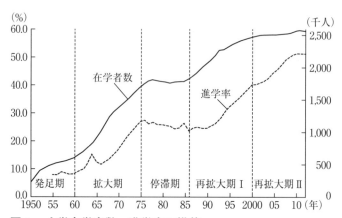

図1 大学在学者数・進学率の推移
(伊藤彰浩「大学大衆化への過程」広田照幸他編『大衆化する大学』岩波書店,2013年,P20より転載)

伊藤が指摘するように,戦後の大学の大衆化は,ベビーブーム期に対応する私立大学の拡大とともに進行していったこと,その傾向が2000年以降に変質していったことがわかる。こうした背景のなかで,学生文化はどのように変容したのだろうか。本章では,読書文化と勉強文化を軸にしながら,戦前,戦後の学生文化の変容をみていくことにしたい。

2.「教養主義」と学生文化

(1) 旧制高校文化と教養主義

まず,戦前期における学生文化の特徴からみていこう。戦前期の高等教育は,現在とはちがって2段階に分かれていた。男子の場合,旧制中学校などの中等教育機関を卒業すると,まず旧制高等学校や大学予科あるいは実業専門学校,専門学校に入り,それらを卒業してから大学に進学することになっていたのである。高等教育の第一段階のなかでも,実

業専門学校や専門学校ではおもに職業と結びついた専門教育が主軸であった。それに対して，旧制高校と大学予科はその後，さらに大学に進学することが前提となっていて，職業とは直結しない教養教育に力が注がれていた。特に旧制高校では，進学率は10％ほどと限られていたが，他の学校とは異なる独自の雰囲気や学生文化が生まれた。

大学に入ると専門の勉強が主になり，就職や将来の職業も身近になってくるが，旧制高校時代はそうした現実とは切り離され，学生生活の楽しさを十分に享受できる特権的な時空間だったのである。だから，旧制高校を経験した人はたいてい，学生時代のなかでもっとも楽しく懐かしい時代として振り返っている。

このような学生生活のなかで誕生したのが，読書を中心とした「教養主義」である。なかでもその中心になったのが旧制第一高等学校（一高）である。新渡戸稲造が校長として赴任したのを契機に，それまでのマッチョなバンカラ主義を排し，その代わりに哲学や思想，文学，歴史などの広い読書をとおして，内面を形成し人生を考える糧にしようという雰囲気が生まれてきた。このような読書と人間形成を結びつけた考えかたや文化が「教養主義」であり，それが共通の学生文化として広がっていったのである。

では，旧制高校生たちはどのような本を読んでいたのだろうか。読書調査などでも必ずといっていいほど出てくるのは，『三太郎の日記』（阿部次郎）や『善の研究』（西田幾多郎），『出家とその弟子』（倉田百三）などである。それ以外にも，岩波書店から出版される本，後には岩波文庫や岩波新書という形で手に入りやすくなった西洋古典を中心とする幅広い人文的な教養書がよく読まれていたようである。こうした読書を通して，人生について思索し社会を構想するというのが，大正期にはじまる教養主義的な学生文化だったのである。

旧制高校の教師のなかには，こうした教養主義を体現するような人物もいた。一高の名物教師といわれた岩元禎はその典型である。岩元は，明治27年に帝国大学文科大学哲学科を卒業したいわばエリート予備軍だったが，官僚の道も実業家としての成功も望まず，一高のドイツ語教

師として，生涯本を読むという人生を選んだ。西洋古典を中心に万感の書に挑んだ学者肌ではあるが，自ら一冊の書物を著すこともしなかった。授業では，本に書き込みをするのは本や学問に対する冒涜だといって禁じるとか，自分の訳と違う訳しかたをする学生に赤点をつけるなど，特異な厳しさをもっていたが，その学問への探究心の強さや真摯さには学生たちも一目おいていたようだ。

　そうした世間離れしたところが，夏目漱石の『三四郎』に登場する広田先生に似ているというので，「偉大なる暗闇」と渾名されてもいた。英文学を教えているが哲学にも詳しく，細君も貰わずに書斎に閉じこもって本を読んでいるという広田先生の渾名が「偉大なる暗闇」だったからである[4]。学生たちにとっては，功利性や功名心と一線を画した教師として，新鮮に映ったのだろう。

　旧制一高を卒業して東京帝大に進み，後に東大教授になった田中耕太郎は，旧制一高時代の雰囲気を次のように振り返っている。「向陵三年の生活をし，すくなくとも新渡戸，岩元先生などに私淑していた者にとっては，もっとも根本的な問題は何になるかではなく，如何に生きるかであったことはたしかである。明治的青年の立身出世主義は軽蔑された。生活のための職業以外に，はるかに崇高な世界があること，人間として身につけておくべき教養の権威が教えられた」[5]。

（2）エリート学生文化

　このような旧制高校を中心とする教養主義的な読書文化は，エリートとしての規範文化でもあった。読みたい本を読むというだけでなく，「大学生であればそれくらい読んでいないと……」という意識が読書へと向かわせた面もあった。だから，学生時代に共通に読まなければならない本というのがあったわけである。とくに，岩波書店から出版される本はそうした権威を象徴するものだった。岩波から出る哲学，思想，文学，

---

4) 高橋英夫『偉大なる暗闇―師岩元禎と弟子たち―』新潮社，1984年
5) 田中耕太郎『私の履歴書』春秋社，1961年，19頁

歴史にわたる書物を読むことが正統な読書だったのである。

その意味では，教養主義的な読書には，他者にたいしてその権威を示す象徴暴力という側面があったことも否定できない。心理学者の河合隼雄は，旧制神戸工業専門学校に入ったが途中で終戦になり，卒業後に新制の京都大学理学部に入ったが，旧制高校を出ていないことにずっと劣等感を感じていた，と自伝のなかで述べている。

「あのころは高等学校というのは人生の教養を身につけるところだったのです。みんな哲学書を読んだりするでしょう。だけど，工業専門学校いうたらいわゆる即戦力だから，電気の技術を身につける。（中略）いわゆる教養として高等学校で習うことをぼくは全然習ってないんですよ。大学に入学したものの無教養であるという劣等感はずっと付きまとったんです」（河合隼雄『未来への記憶（上）』岩波新書，2001年，81～83頁）

旧制高校を卒業した人のほとんどは大学に進学していた。卒業後の職業生活についてもある程度余裕があったから，学生時代を現実と切り離して楽しむことができたのである。旧制高校が象徴する教養主義的な学生文化は，まだ旧制高校や大学に進学する学生が少ない時代の特権的なエリート学生文化だったということができるだろう。

3. 学生文化の変容

(1) 読書文化の広がりと変容

大正期に生まれた教養主義的な学生文化は，昭和期にはマルクス主義を経由した昭和教養主義の時代を迎えることになる。それまでの人文書に加えて，マルクス主義の政治思想や社会科学書もよく読まれるようになった。また，学生のバイブルといわれた河合栄治郎の『学生叢書』は，その時代を象徴する学生の愛読書のひとつになった。

このような広い意味での教養主義的な読書は，旧制高校や大学の学生から，徐々に地方の学校教師や会社員，女学生などにまでその裾野を広げていった。1942（昭和17）年に京都府立第一高等女学校を卒業した元

女学生の一人は，女学校時代の読書について「家に岩波から出てたサックに入った世界文学全集があって，それを片っ端から読んでいました。デカメロンやとか何やわからんままに読んでたけど，そういうのが素敵なことやと思ってたんですね。そのうちヘルマン・ヘッセに惹かれてもう全部読んでました」と語ってくれたことがある。同級生の多くが少女雑誌や少女小説に夢中になっているなかで，背のびした読書をすることに誇りを感じてもいたのだろう。

出版メディアの広がり，とくに岩波文庫や新書といった安価で手に入りやすい出版物が流通していくようになったことが，読書の広がりに大きな影響を与えるひとつの背景になっていたのである。

戦後になっても，こうした読書傾向は高等教育が大衆化する1970年代あたりまでは続いていたようである。戦後の大学生の読書傾向の変化について大学別の分析を行った竹内洋によれば，1970年頃までは，東大・京大と私立A大学の学生の読書傾向にあまり差がなかったという。いずれの大学でも，平均読書時間は1日2～3時間，雑誌についても『中央公論』や『文藝春秋』などの総合雑誌を読んでいる学生が20％くらいいるなど，読書の量・質ともに目立ったちがいはなかったと指摘している[6]。

フランス文学・文芸評論家の鹿島茂は，新聞の読書欄に次のようなことを書いている。「今では信じられないかもしれないが70年代の前半まで神田の学生街のパチンコ屋で人気ナンバーワンの景品は岩波新書と岩波文庫と決まっていた。パチンコ屋通いの学生でもタマを岩波新書や文庫と交換して少しでも教養を高めようとしたのだ」[7]。この頃までは，大学の授業はさぼっても教養書を読むという規範文化がまだ残っていたことがうかがえるエピソードである。

しかし1970年あたりを境に，読書や学生生活にも変化がみられるよう

6）竹内洋「東大・京大との分断化を決定づける『これでいいのだ』文化」『中央公論』2007年2月号
7）鹿島茂「【読書】竹内洋『教養主義の没落　変わりゆくエリート学生文化』」『毎日新聞』2003年8月17日

になる。戦後の大学生の経済的支出の動向を『生協調査』のデータをもとに調べた岩田弘三によれば，「修学費」，「課外活動費」，「娯楽し好費」のうち，1965年頃までは支出の上位を占めていた「修学費」が，それ以降は漸減しているという。逆に，「娯楽し好費」は，1965年には「修学費」を上回って逆転している[8]。

また，全国大学生活共同組合連合会の調査によると，大学生の読書時間は，1971年には108分だったのが，2009年には27分へと大きく減少している。先の竹内の調査でも，2006年になると，私立Ａ大学では1ヶ月の間に「ほとんど本を読まない」学生が35.3%にもなっているという。1970年あたりを境に，大学生の読書離れが急速に進行していくのである。

ただし，どの大学でも同じというわけではないようだ。2000年の東大学生生活実態調査では，東大生の読書時間は1日平均43分，1月の読書冊数も平均で8冊，勉強以外の本（小説・文芸書，教養書）に限っても3.6冊ほどは読んでいる[9]。とはいえ，そういう大学でも，読書が大学生全体の規範文化としての権威を保持しているわけではなくなっている。むしろ読書ばかりしていると「勉強おたく」といわれるように，一般的な学生文化から浮いてしまった学生への蔑称になりつつある感もある。

このように1970年頃までは，中堅大学，難関大学を問わず，教養主義的な学生文化がある程度共通に存在していたが，それ以降は全体的に学生文化から読書が減退していき，ユニバーサル段階に入る2000年頃には一部の大学に残存する程度になった。読書が正統な学生文化とみられる時代は終わったのである。

（2）遊び文化から勉強文化へ

1970年以降，学生文化のなかから読書文化が消失していくのに代わっ

8）岩田弘三「キャンパス文化の変容」稲垣恭子編『教育文化を学ぶ人のために』世界思想社，2011年，33頁
9）竹内，前掲論文，43頁

て顕在化していったのが,「遊び文化」である。先にも述べたように,1965年以降,「修学費」の漸減に対して「娯楽し好費」は大きく増加している。アルバイトや趣味のサークルなど,大学キャンパス以外のところでの活動も増えていく。アルバイトも,修学費や生活費のためというよりも,旅行やスポーツなどの趣味・娯楽のためにすることが多くなる。大学のレジャーランド化とか消費社会化といわれるようになったのもこの頃である。

ちょうど進学率の上昇にともなって大学がマス化し,私立大学を中心として大学が拡大していく時期である。大学生であることがさほど特別なことではなくなり,学生文化と外の社会との境界が曖昧になっていく。とくにバブル経済が高揚する1990年代には,消費文化が学生生活のなかにも浸透し,学生文化自体の消失と大学の大衆文化化が同時に進行していったのである。

ところが,読書が学生文化のなかから消失していく2000年前後から,消費文化と連動した遊び中心の学生文化から,再び学生がまじめ化しているという現象がしばしば指摘されるようになった。授業に欠かさず出席してノートを取り,試験の準備も怠りない。資格をとり,卒業に必要な単位を超えた単位を取得するなど,大学の「学校化」や学生の「生徒化」という現象もみられるようになった。それまでの「遊び文化」の雰囲気とはちがった空気がキャンパスに感じられるようになったというのである。

岩田は,先の『生協調査』をもとにした分析のなかで,1995年以降,「勉学」重視の学生の割合が急増し,1998年にはそれまでトップだった「豊かな人間関係」を抜いてトップになったと指摘している。その一方で,「サークル」や「趣味」といった項目は1993年以降2000年にかけて激減し,その後,多少の上昇傾向はあるものの,全体としては低くなっているという。つまり,2000年あたりを境にして,学生の雰囲気が「遊び文化」から「まじめ勉強文化」へと変わってきたというのである[10]。

---

10) 岩田,前掲書,38〜39頁

(3) 勉強文化の変容

　しかし，この「まじめ勉強文化」は1970年代までの教養主義的な「勉強文化」とは異質なものである。かつての「勉強文化」はその基底に読書文化が存在していたが，2000年以降も読書離れの傾向は続いている。

　また，量的な変化だけでなく読書の中身も変化している。京大卒業生の読書についてのアンケート調査を分析した山口健二によれば，1970年頃からの読書傾向の変化は，教養書からマンガへというだけでなく，思想書・文学書から趣味・娯楽書への移行が大きいという。また，1980年以降は，ビジネス書の読書率が急速に伸びていることもそれまでにはなかった傾向だと指摘している。「思索のための読書」「人生のための読書」といった教養主義的な読書スタイルが廃れ，趣味・娯楽のための読書と実用主義的な読書へと，読書の内実が変化していることがうかがえる[11]。

　このように，2000年あたりから顕在化しはじめた「勉強文化」は，かつての教養主義的な「勉強文化」とも，享楽的な「遊び文化」ともちがった「教養主義の要素を削ぎ落とした新たな『まじめ勉強文化』」[12]とみることができるだろう。

　進学率の変化からみると，この時期は大学進学率が50％を超えてユニバーサル段階に入る時期であり，伊藤の区分でいえば，「再拡大期Ⅱ」にあたる。その前の「再拡大期Ⅰ」は，第二次ベビーブーム世代が大学に進学する年齢に達して大学の量的拡大が起こった時期である。それに対して「再拡大期Ⅱ」は，18歳人口の減少にともなって在学者数の増加は止まるものの進学率は増加し続けることによって，同年齢層の50％が大学に在籍するユニバーサル段階に入っている。大学進学が当たり前になると同時に，学力や入試をめぐる競争が弛緩するという傾向が現れてきた時期である。

---

11) 山口健二「京都大学卒業生と読書」橋本鉱市編『大学生―キャンパスの生態史』玉川大学出版部，2010年，119～136頁
12) 岩田，前掲書，53頁

またこの時期は，バブル経済が崩壊した後の長期不況という社会状況も重なっている。大学を卒業しても正規雇用に就くことができず，無業状態や非正規雇用労働者（パート，アルバイト，派遣労働など）として不安定な職を転々とするといった状況が顕在化し，フリーター，ニートが社会現象や社会問題として社会的関心を集めることにもなった。雇用する側では非正規雇用の人材を必要とすることもあって，ますます新卒の正規雇用を手控え，大学卒業時の就職の厳しさが意識の上でも現実的にも実感されるようになる。

大学のユニバーサル化に加えて終身雇用制度の崩壊など，将来の職業生活の長期的な見通しが不透明になっていくなかで，大学進学は必ずしも将来の安定的な地位を保証するものではなくなりつつある。そういう状況のなかで，学生の生活や文化も，より職業志向，実務志向へと変化しつつある。

濱中義隆（2013）は，1990年代半ば以降，学力中位層の進路選択が大学と専門学校との間で競合するようになったと指摘している。SSM調査のデータを用いた中学3年時の成績と進路選択の関係をみると，学力中位層の生徒は進学に際して大学と専門学校とのどちらかを選択する傾向があるというのである。また，18歳人口の減少期でも入学者が増加した分野は，大学でも専門学校でも「保健」「教育」「家政」といった，特定の専門的職業に就くために必要な資格と結びついた分野であるという。つまり，職業資格と結びついた実務志向の選択が学力中位層のおもな選択肢になっていて，大学と専門学校がともにそのパイをめぐって競合関係になっているというのである[13]。大学は学術あるいは教養志向，専門学校は実務志向という機能分化ではなく，いずれも実務志向のニーズに対応する機関になりつつあることがうかがえる。

このような背景と照らしあわせてみると，一部の難関大学は別としても，学生文化が教養志向や遊び志向のいずれからも離れ，身近な将来へ

---

13) 濱中義隆「多様化する学生と大学教育」広田照幸他編『大衆化する大学』岩波書店，2013年，47〜74頁

の準備を意識した「まじめ勉強文化」が主流になりつつあるというのも理解できるだろう。

（4）学校の文化資本形成機能の減退

　旧制高校からはじまる読書中心の教養主義の特徴のひとつは，学校が文化資本形成機能をもっていたことである。竹内洋（2003）によれば，旧制高校で教養主義に深く傾倒した学生の多くは大学では文学部（文科大学）を志望することが多かった。いわば文学部は教養主義の「奥の院」というべきところだったわけである。その文学部生の出身階層と出身地をみていくと，他の学部とくに理学部生が都市部の新中間層出身が多い「都市的学部」であるのに対して，文学部生は地方の農家出身者の割合が高い「農村的学部」であった。西洋古典を中心とした読書自体は，農村的な生活文化とは遠いものだが，それに向かう態度は勤勉・努力を柱とする農民的エトスと親和的なものだったというのである[14]。

　比較のために，フランスの文化エリートの輩出母体であるエコール・ノルマル・シューペリウール（高等師範学校）の学生の出身階層をみると，日本とは逆に理系より文系のほうがパリ居住の上流階級の子弟が多いという。それは，文科系の研究には古典語の習熟が不可欠であり，幼少時から洗練された言語能力を身につけている必要があるため，都市の教養ある家庭出身者が多くなるからだという[15]。

　つまり，フランスの文系エリート学生文化は家庭でつくられた階層文化に負うところが大きいのに対して，日本のエリート学生文化である教養主義は，家庭の文化資本の効果ではなく，大学に入ってから習得されるもの，つまり学校をベースとして生まれた学生文化なのである。その意味では，学校が文化資本形成機能を担ってきた部分が大きいといえるだろう。

14）竹内洋『教養主義の没落―変わりゆくエリート学生文化』中公新書，2003年，109～110頁
15）同書，119～124頁

しかし現代においては，こうした教養主義的な学校・学生文化が消えていき，大学のフォーマル，インフォーマルな文化はますます実学志向に傾きつつある。そのなかで，大学は文化資本形成機能も縮小しつつあるということができるだろう。出身階層の文化がストレートに社会関係に反映する格差社会が進行する現在，大学の文化形成機能についてあらためて検討することが必要ではないだろうか。

研究課題

・現代の大学生の読書傾向について調べ，メディアの変化と読書の関係についても考えてみよう。
・韓国や中国，アメリカなどひとつの国を取り上げ，大学生の文化について調べてみよう。勉強時間や読書傾向，「まじめさ」などについて，日本の大学生と比較すると，どのようなことがいえそうだろうか。
・上記の課題で選んだ国の，大学生の進路傾向について調べてみよう。それは，大学生文化とどのような関係にあるだろうか。考えてみよう。

参考・引用文献

P.ブルデュー，石井洋二郎訳『ディスタンクシオンⅠ』（藤原書店，1990年）
濱中義隆「多様化する学生と大学教育」広田照幸他編『大衆化する大学』（岩波書店，2013年）
伊藤彰浩「大学大衆化への過程―戦後日本における量的拡大と学生層の変容」広田照幸他編『大衆化する大学』（岩波書店，2013年）
岩田弘三「キャンパス文化の変容」稲垣恭子編『教育文化を学ぶ人のために』（世界思想社，2011年）
河合隼雄『未来への記憶（上）』（岩波新書，2001年）
永嶺重敏『東大生はどんな本を読んできたか　本郷・駒場の読書生活130年』（平凡社新書，2007年）
高橋英夫『偉大なる暗闇―師岩元禎と弟子たち―』（新潮社，1984年）
竹内洋「東大・京大との分断化を決定づける『これでいいのだ』文化」『中央公論』（2007年2月号）
竹内洋『教養主義の没落―変わりゆくエリート学生文化』（中公新書，2003年）
田中耕太郎『私の履歴書』（春秋社，1961年）
M.トロウ，天野郁夫・喜多村和之訳『高学歴社会の大学―エリートからマスへ』（東京大学出版会，1976年）
山口健二「京都大学卒業生と読書」橋本鉱市編『大学生―キャンパスの生態史』『リーディングス　日本の高等教育3』（玉川大学出版部，2010年）

9 女学生の文化と教養

　教養というと，男子の教養主義にはじまる学生文化を想定することが多い。しかし，戦前期における女学校を中心とする女学生文化は，それとはまた異なる教養の水脈をつくってきた。本章では，男子を中心とした教養主義とは異なる女学生文化を軸としながら，もうひとつの教養の系譜をたどり直すことによって，現代の教育と教養文化について再考する。
【キーワード】高等女学校，女学生文化，教養主義，たしなみ，良妻賢母主義

1. 明治の女学生

（1） 女学生の誕生

　教養ある女性というと，古くは和歌や書道，茶道，薙刀など，文芸・諸芸一般に心得があり，またそれらの習得を通した作法や慎ましさといった徳をもった女性を意味する時代もあった。しかし，近代的な学問や読書を好み，新しい時代の女性のさきがけとして社会からも注目されるようになったのは明治以降であり，その典型が「女学生」であった。
　「女学生」というのは，主に男子の旧制中学校に対応する高等女学校に通う生徒を意味するが，さらにその上に位置づけられる女子専門学校や女子高等師範学校のような高等教育機関の生徒も含めて広く「女学生」ということも多い。
　最初に女学校が創られたのは，明治の初期に，北は函館から仙台，東京，横浜，神戸，長崎などの開港地を中心に創設されたキリスト教系のミッション女学校だった。多くは，宣教師が中心となって運営する学校で，授業も学校生活もすべて外国式だった。和歌や諸芸を中心にしたそれまでの教養とはちがって，西洋の学問や作法を中心にした新しい学問・

教養が導入されることになったのである[1]。

その後，1899（明治32）年に高等女学校令が公布され，各県に公立の高等女学校が設置されていく。教育の柱になったのはいわゆる「良妻賢母主義」である。その中身は，「優美高尚ノ気風，温良貞淑ノ資性ヲ涵養スルト倶ニ，中人以上ノ生活ニ必須ナル学術技芸ヲ知得セシメンコトヲ要ス」（高等女学校令）というものである。家庭婦人としてふさわしい資質を涵養するための教養や，家庭生活に必要な技芸一般を身につけることが目的として掲げられている。それにそって，「家事」「裁縫」といった女子のみの学科が設置されると同時に，男子の旧制中学校よりも「修身」や「音楽」の時数は多く，逆に「外国語」「数学」「理科」などは少なく設定された。

全国に高等女学校がつくられていくのにともなって女学生の数も増加していき，「女学生」という存在が社会的に定着していくようになる。とはいえ，明治期には小学校を卒業したあと高等女学校に進学したのは，同年齢の女子の10％にも満たないくらいであったし，戦前期を通しても30％を超えない程度であった。その意味では，女学校に通うことができたのは限られた階層の子女だったのである。

（2）武家娘とミッションガール

初期のミッション女学校も含めて，明治期に女学校教育を受けたのは，主に士族層の娘たちだった。たとえば，1895（明治28）年の京都府立第一高等女学校（現・京都府立鴨沂高等学校）の生徒の父母の族籍構成をみると，華族が11人（2.0％），士族が178人（31.7％），平民371人（66.2％）となっている[2]。士族層そのものの比率が5％ほどであったことを考えると，その割合はかなり高い。

高等教育機関になるとその傾向はさらに強くなる。東京女子高等師範学校（現・お茶の水女子大学）の生徒の家庭についてみると，1903（明

1）佐藤八寿子『ミッション・スクール』中公新書，2006年
2）桑原三二『高等女学校の成立』1982年，89頁

治36）年あたりまではほぼ50％を士族層が占めていた。その後，徐々に減少していくものの，1908（明治41）年でも約27％である。

　女学校に通った生徒の家庭背景からみると，家庭では武家的な伝統的しつけを受けながら，女学校ではさらに西洋的・合理的な考えかたに基づいた教育も受けることになったという場合も少なくない。たとえば，『小公子』の翻訳でも知られる若松賤子（しずこ）は，1864年に会津藩士の長女として生まれ，維新後は横浜の女学校（現・フェリス女子学院）に入ってアメリカ式の教育を受けている。後に，明治女学校を創設した巌本善治（いわもとよしはる）と結婚し明治女学校を支えるとともに，児童文学の翻訳者としても活躍する。西洋式の教育を受け語学力もあったが，生涯和服で通したというのも有名である。武家的な教育と西洋的な教育の両方が違和感なく存在していたことがうかがえる。

　新宿中村屋の創業者である相馬黒光（そうまこっこう）も，1875（明治7）年に仙台の漢学者の家に生まれるが，ミッションスクールに憧れて仙台の宮城女学校に入学している。しかしアメリカ直輸入の教育に疑問を抱いた何人かの女学生たちとともに校長にかけあってストライキを決行した。初めての女学生のストライキ事件だったのだが，そのときに宮城女学校を退校して東京の女学校（明治女学校）に入り直し，さらに交流と教養を深めていった。そうした生きかたからも，明治の女学生の気骨が伝わってくる。

2. 女学校の拡大と女学生文化

(1) 女学生の増加

　大正期に入ると，女学生の数も増し，女学校の雰囲気も少しずつ変化していく。図1は，1905年から1945年までの高等女学校の進学率の変化を示したものである。これをみると，戦前期を通して進学率は30％を超えない程度であり，現在の大学進学率よりもずっと低かったことがわかる。それでも，1920（大正9）年には9％，1925（大正14）年には15％と，大正期にはかなり伸びている。この1920～1930年代に，女学校と女学生の数が大きく増加するのに伴って，女学生同士の間でつくられる独

自の文化，いわゆる「女学生文化」が形成されていった。その特徴はどのようなものだったのだろうか。

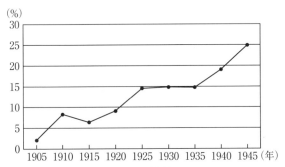

図1　高等女学校進学率の推移
（稲垣恭子『女学校と女学生』中公新書，2007年，6頁より転載）

（2）女学生文化の特徴
＊ファッションと外見

図2　自転車に乗る女学生
（『新版引札見本帖 第1』1903年）

　まずわかりやすいのは，服装や外見であろう。女学生の髪型や服装は，まだ女学生がきわめて少数であった明治期でも，雑誌や広告などによく掲載されるくらい社会的な注目の的だった。その特徴は，時代によってすこしずつ変化するが，有名なのは大正期に流行した袴に束髪・リボンというスタイルである。新聞小説のイラストなどにも袴にリボン，靴というスタイルで自転車で颯爽と登校する女学生の挿絵がよく掲載された。

＊勉強と学校生活

　では，勉強や学校生活はどうだろうか。女学校では学校の勉強のほかに，宿題や予習・復習など家庭学習にも時間をとっていた。1910（明治43）年から1945（昭和20）年までの女学校卒業者に対して行われた調査でも，「家庭学習の時間」は，卒業年次にかかわらず，だいたい２〜３時間に集中している[3]。学校の授業，家庭学習とまじめに勉強する女学生というのが一般的な姿である。

　女学校のカリキュラムでは，時間数が多くあてられていた科目は国語と家事・裁縫であった。その分，理科や数学は男子の旧制中学校よりも時間数はやや少なかった。そのなかで，人気のあった科目は圧倒的に国語である。当時行われたいくつかの調査をみても，最も好きな科目は国語というのが共通の傾向だったようだ。

　関西の女学校卒業者への質問紙調査の結果をみても，やはり好きな科目として52％の生徒が国語を挙げており，逆に嫌いだったという人はほとんどいない。その一方で，もうひとつの柱である家事・裁縫のほうは，裁縫で「好き」（14％）よりも「嫌い」（25％）のほうが多くなっている（図３）。他のいくつかの調査でも同様の結果が報告されている。

　もちろん，地域や学校によって違いもある。たとえば，都市部の高等女学校やキリスト教系の女学校では「国語好き」が多く，地方の女学校では「家事・裁縫好き」が多くなる傾向があった。その背景には，地方には実用的な知識や技術を中心にした女学校が適切だという方針で，裁縫や家事の時間数の多い実科女学校が創られていったこともあるだろう。しかし，実際には実科女学校の多くが高等女学校に改組されていったように，地方の女学生にも実用知が必ずしも歓迎されたわけではなかった。男子の旧制中学校などとはちがって，女子の教育は「学歴」が職業と結びついていたわけではなく，むしろ「教養」とか「常識」を身につけることが期待され，それが女学生たちのプライドにもなっていた

---

[3] 山本禮子・福田須美子「高等女学校の研究—高女卒業生のアンケート調査から」『和洋女子大学紀要』第27集，1987

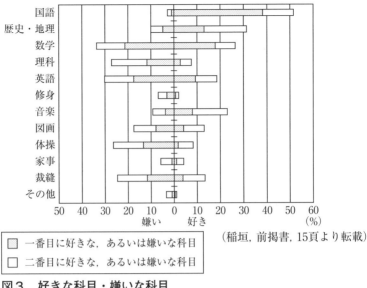

図3 好きな科目・嫌いな科目

（稲垣，前掲書，15頁より転載）

のである。

＊読書

　女学生の国語好きは，多くの場合，文学・小説好きと対応している。「文学少女」は，女学生文化を表象するイメージのひとつでもあった。読書の中心になっていたのは，日本・外国を含む文学作品と少女小説である。当時の読書調査のなかで，女学生が好きな本としてよく挙げられているのは，『坊っちゃん』，『吾輩は猫である』（夏目漱石）『たけくらべ』（樋口一葉）『夜明け前』（島崎藤村）『花物語』（吉屋信子）『レ・ミゼラブル』（ユゴー）

図4 吉屋信子『花物語（上巻）』（昭和14年版）の表紙

『花物語（上巻）』表紙：ⓒJUNICHI NAKAHARA/HIMAWARIYA INC.

『小公子』（バーネット）『風と共に去りぬ』（ミッチェル）『狭き門』（ジッド）『女の一生』（モーパッサン）などである。

　また，明治末から大正期にかけて次々と出版された少女雑誌に掲載された少女小説も女学生によく読まれていた。なかでも，吉屋信子の少女小説は圧倒的に人気があった。その代表作である『花物語』は，『すずらん』から始まって『さざんか』『ひなげし』『名もなき花』など，花の名前を冠した短い小説を集めた作品で，最初は7話で終わっていたのが，読者の強い要望でさらに続けられ，結局54話（源氏物語と同じ）になっている。何度か単行本化されたが，中原淳一の挿絵がはいった昭和14年版はとくに人気があり，長く女学生の愛読書になった（図4）。

　夢見るような大きな瞳やモダンで可愛い洋服や持ち物，ヘアスタイルなどが女学生の間で圧倒的な人気を得て，ファッション図鑑やイラスト入りの文具が付録につくとよく売れたらしく，そうした付録を今でも大切に保存している人もいるくらいである。ちなみに，中原淳一の挿絵とよく似た画風で女性を描いて人気があったのが竹久夢二だが，夢二の描く女性はたいてい下向き加減でちょっと陰りのある女性が多い。それに比べて中原淳一の描く少女は，現代的な服装をしたファッショナブルな雰囲気，まっすぐ前を向いてどこか遠くを夢見るような視線などが特徴である。未来を夢みる明るい少女の姿が，当時の女学生の共感を集めたのである。

＊稽古ごと

　また，学科の勉強や読書だけでなく，習い事や稽古ごともしていた人も多かった。家で個人的に習いに行く場合もあれば，学校で課外授業として開かれている場合もあったが，その内容は，茶道，華道，ピアノ，書道など，伝統的なものからモダンなものまで含まれている（図5）。一人で両方習っている人も少なくない。関西の女学校卒業者への調査では，70％ほどが何らかの稽古ごとをしていて，しかも半分ちかくはふたつ以上の習い事をしていたようである。

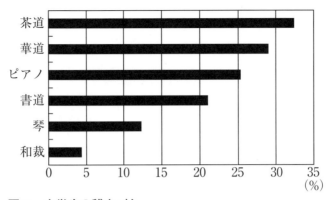

図5　女学生の稽古ごと
（稲垣，前掲書，23頁より転載）

3. もうひとつの教養の系譜

(1) 幅広い教養

　このように，時代や女学校の校風，生徒の家庭背景などによって少しずつちがいはあるものの，全体としてみると，女学生文化は，文学的な教養を中心に，稽古ごとや趣味をとおして音楽や美術，スポーツにも親しむ幅広い教養から成り立っていたことがわかる。このような女学生文化の特徴を図にまとめたのが図6である。

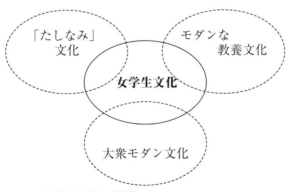

図6　女学生文化の特徴
（稲垣，前掲書，211頁より転載）

図の右上の「モダンな教養文化」は，西洋哲学や文学，歴史学，西洋音楽，芸術などに象徴されるような教養である。男子の教養主義の文化もこれにほぼ対応する。
　しかし女学生の場合，そういう外国の小説やクラシック音楽といったモダンな教養だけでなく，伝統的な和歌や習字，手芸，琴，生け花，茶の湯にまで広がっていた。左上の，身体と精神の両方にわたる素養を含む「たしなみ」の世界がそれである。
　さらに，大正期以降になると，雑誌や映画，ラジオなどのメディアを媒介とする「大衆モダン文化」が広く浸透していったが，それらは女学生の文化にも大きな影響を与えた。1900〜1920年代にかけて，『少女倶楽部』や『少女の友』などを中心とする少女雑誌が次々と創刊され，女学生に愛読されるようになったが，それらのなかで紹介される記事や小説などを通して，大都市だけでなく地方の都市に住む女学生にも共通の文化が広がっていき，「女学生文化」の一部を支えるようになっていったのである。これらの三つの世界とそれぞれ接触しながら，融合する形で形成されていったのが「女学生文化」の世界である。

（2）味わい楽しむ教養

　すでに述べたように，女学校の教育の目的は「良妻賢母主義」に基づいた中流の家庭婦人の養成にあった。しかし，実際の女学校の教育においては必ずしもその内容がはっきりとしていたわけではなく，「人格を涵養する」という抽象的なものだった。カリキュラムにおいても，裁縫や家事といった技芸的な科目だけでなく，文学や芸術などを含むより広い人文的教養や，スポーツ，趣味・工芸まで含んだ広い領域にわたる内容が盛り込まれていた。それが，女学生文化にも幅広く教養を楽しむ自由を与えることにもなったのである。
　女学生文化は，近代学問から文学や芸術，ふるまいや作法まで含む幅広い領域にわたるが，それらは必ずしも職業に直結するものではなく，かといって主婦になったときに役に立つような実用的な知識や技能に限定されたものでもない。卒業して家庭婦人になるまでの自由な時間のな

かで，知的好奇心のおもむくままに読書や芸術を楽しむことができたのである。

その意味では，職業生活とは距離をおいて人生を考えようとする男子の教養主義と共通しているようにみえる。しかし，女学生文化が旧制高校的な教養主義と異なるのは，「これが正統な教養だから身につけなければならない」といった規範的なものではなかったことである。岩波書店から出版される思想・哲学書はすべて読破するといった権威主義的，物量主義的な読書ではなく，興味・関心に支えられて読書や芸術を楽しむことに重点がおかれていた。だから，一方では古典文学に引きこまれながら少女小説にも耽溺し，またクラシック音楽を聴く一方で琴の演奏にも励むといったこだわりのない楽しみかたができるのである。「正統派」の折り紙のついた知識を詰め込んでストックしていくような教養ではなく，楽しみ味わうことを重視する教養とみることができるだろう。

このような女学生文化が成立するには，家庭に経済的，文化的な余裕があることが条件だった。天野正子（1986）は，男子にとっての学歴が「地位達成機能」をメインにしていたのに対して，女子にとっての学歴は「地位表示機能」であると指摘している[4]。女学校を卒業することが直接的に職業や社会的地位につながるわけではないにもかかわらず，女学校に行かせることができるという家庭の経済的，文化的余裕を示す機能をもっていたのである。その意味では，学校文化を基盤とした男子の教養文化に対して，女学生の教養文化は家庭の文化資本に依るところが大きかったということができるだろう。

このような女学生文化は，卒業後も同窓会などの活動を通じて「思い出共同体」として維持され，あるいは母親から娘へという回路を通して受け継がれていった。女学生文化は学校時代だけではなく，女性文化としての広がりをもっていたのである。

---

4) 天野正子『女子高等教育の座標』垣内出版，1986年

4. 現代の女子学生と教養のゆくえ

(1) 読書文化と芸術文化

では,現代の女子学生文化はどうだろうか。片岡栄美 (2003, 2011) は,読書文化,芸術文化,学校外教育にどれくらい親しんできたのかについて,表1のように男女別に示している[5]。

読書文化資本は「子どもの頃に家族が本を読んでくれた」かどうか,芸術文化資本は「家でクラシック音楽を聴いたり,家族とクラシックのコンサートにいく」「家族につれられて美術館や博物館にいく」機会がどれくらいあったかという質問項目で尋ねている。読書と芸術では,男女とも読書のほうが高いが,そのどちらも女子のほうが経験率が高く,とくに芸術文化では女子がかなり高いことがわかる。一方,「学校外教育」についてみると,塾や予備校,家庭教師,通信添削などのいずれも男女あまりちがいはなく,ほぼ同じくらいになっている。

これらをあわせると,男子は学校外教育のほうは比較的経験率が高いが,それ以外,とくに音楽や美術といった芸術方面はあまり経験していないことがうかがえる。それに比べて女子のほうは,学校外教育だけでなく,読書・芸術方面の教養的なものも経験しているということがわかるだろう。

---

5) 片岡栄美「教育達成と文化資本の形成」稲垣恭子編『教育文化を学ぶ人のために』第3章,世界思想社,2011年,64〜65頁より転載

表1　読書文化資本と芸術文化資本および学校外教育

	読書文化資本		芸術文化資本				学校外教育					
	子どもの頃，家族が本を読んでくれた		家でクラシック音楽のレコードをきいたり，家族とクラシック音楽のコンサートに行く		家族につれられて美術展や博物館に行く		塾・予備校		家庭教師		通信添削	
	男性	女性	男性	女性	男性	女性	男性	女性	男性	女性	男性	女性
全体	45.1	52.1	9.7	14.3	17.9	21.0	24.9	26.8	6.3	7.8	2.6	2.7
50～70歳	37.9	44.8	7.5	10.3	12.3	11.4	6.0	10.3	3.0	3.5	0.5	0.3
35～49歳	43.1	47.2	9.2	13.6	15.7	18.4	24.3	25.6	8.9	6.9	2.7	0.8
20～34歳	63.3	73.4	14.9	22.5	32.7	42.2	52.1	49.5	6.7	14.5	5.2	8.8
父義務教育	36.2	43.1	6.0	7.0	10.6	12.0	17.9	19.9	2.9	2.6	1.5	0.9
父中等教育	55.4	64.1	14.3	20.9	27.6	31.3	39.8	36.9	10.2	12.2	4.9	5.2
父高等教育	71.3	80.1	23.9	41.8	35.8	55.4	40.5	43.8	16.3	24.1	5.2	7.4
母義務教育	36.3	43.3	5.4	8.8	9.9	12.5	17.4	19.7	2.6	2.5	1.7	1.0
母中等教育	61.1	70.0	17.0	22.8	29.5	35.8	38.4	37.2	12.3	14.6	3.9	4.8
母高等教育	71.7	77.1	28.3	50.0	50.9	58.3	37.3	52.1	20.8	33.3	9.4	10.4
父専門職	68.0	74.1	21.5	33.7	46.8	49.4	35.2	35.9	12.7	14.1	5.6	6.4
父管理職	63.6	70.8	20.7	36.7	30.8	41.7	38.7	40.2	10.4	23.6	1.9	5.5
父事務職	58.1	71.4	21.3	18.4	27.5	36.2	36.4	34.6	13.1	8.3	6.1	1.5
父販売職	44.0	54.8	7.3	17.3	12.7	19.8	19.4	27.2	11.2	10.5	1.0	0.9
父熟練職	43.9	44.9	7.7	9.0	16.8	18.9	27.2	31.3	1.7	4.1	2.8	2.6
父半熟練職	40.6	53.5	5.8	12.3	15.8	23.8	33.3	37.6	6.3	7.2	3.2	5.6
父非熟練職	45.2	40.4	7.1	10.5	12.2	14.0	20.0	13.5	2.9	1.9	1.9	1.9
父農業	30.2	37.0	3.2	4.3	5.1	3.8	9.6	9.7	1.2	2.4	0.4	0.2

(1995年SSM調査データ：片岡栄美「「大衆文化社会」の文化的再生産—階層再生産，文化的再生産とジェンダー構造のリンケージ」宮島喬・石井洋二郎編『文化の権力—反射するブルデュー』藤原書店，2003年）

(注) 子ども時代の文化的経験の回答選択肢は四段階で「よくあった」「ときどきあった」「あまりなかった」「なかった」であり，表の数値は「よくあった」と「ときどきあった」と答えた者の％を示す．学校外教育は，小・中学校時代に半年以上の経験がある者の％，文化的財の変数については省略した（片岡栄美「教育達成と文化資本の形成」稲垣恭子編『教育文化を学ぶ人のために』第3章，世界思想社，2011年，64～65頁より転載）

（2）成績と文化経験

　さらに，こうした家庭での文化的な経験のちがいが学校の成績に与える影響は，男女でちがいがある．片岡[6]によれば，まず，男子の成績は学校外教育を受けたかどうか，つまり塾や予備校，家庭教師のような学校の勉強の補助としての教育経験があるかどうかが，成績に直接影響

6) 同書，2011年

しているという。家で本を読んでもらうとか家族でコンサートに行くなどは，成績とは直接関係がないようだ。

一方，女子の場合には，塾や家庭教師などの教育経験と成績とは，あまり強い関係がなく，むしろ家で本を読んでもらったり，コンサートや美術館にいくといった文化的な経験のほうが成績にプラスに働いているという。しかもこれは，中3のときの成績だけでなく，そのあとの進学にもずっと影響をあたえている。つまり，男子と女子とでは，何が成績に影響するかということも異なっているというのである。

また，長期的なスパンでみると，男子の場合，戦前生まれの男性については，読書（家で本を読んでもらった）の経験があることが効果をもっていたが，戦後生まれになるとまったく関係なくなっている[7]。それは戦前派にとっては古典を読むといった「教養」が学問志向を強めることになっていたのが，戦後はそういう「教養」があまり意味をもたなくなってきたということと関連しているだろう。たしかに，成績がいい男子学生は，まじめに努力する勉強志向はもっている。しかしその勉強志向は，読書や芸術にわたる広い教養というよりも，直接学校の授業や試験に関わるものに限定される傾向が強くなっているともいえるようである。

これらのことから，全体的にみれば，かつてより実用志向が強まっていく傾向はあるが，男子と女子で比べると，女子学生の成績が，直接的な学校外教育だけではなく，読書や音楽といった文化資本と関連していることがわかるだろう。

（3）現代における教養への問い

現在の大学では，職業や資格と結びついた専門的知識や技能を重視するなど，教育の結果をみえやすい形で示すことが求められる傾向が強い。その一方で，人文的教養や芸術嗜好などは学校ではなく家庭の文化資本と直結するようになりつつある。それは，男子の教養主義が学校化された文化資本であるとすれば，女子の教養が家庭文化とのつながりが強い

7）同書，70頁参照

ことにも表れている。

　旧制高校的な教養主義には，規範的で権威主義的な側面も強かったが，学校のもつ文化資本形成力もあった。一方，女学生文化のなかで醸成されてきた教養は，教養そのものを楽しむ自由さをもっていたが，それは家庭の文化資本によって支えられていた面もある。

　しかし，いずれも学校のおもての目的とは別に，学生文化，女学生文化として育まれてきたものである。教育の実利化，実務化の方向は，学校の文化資本形成の機能を縮小するだけでなく，文化資本の階層格差を温存することにもなる。

　教養主義の権威が後退していくなかで，専門的知識と教養，職業と大学教育，学校文化と家庭の階層文化の関係などが問題として浮上しつつある現在，学校と家庭文化の間(はざま)でひそかに醸成され受け継がれてきた女学生的教養は，現代における人文的教養の意味をあらためて考える契機のひとつではないだろうか。

研究課題

・女子の方が男子よりも文化資本と成績の関連度合いが高い理由はなんだろうか。男女の進路やライフコースのちがいから考えてみよう。
・女学生や女学生文化に対しては批判的な見かたも存在した。当時の新聞記事などから，女学生がどのように語られたかを見てみよう。また，その背景には文化や教養に対してどのような見かたが存在するか考察してみよう。

参考・引用文献

天野正子『女子高等教育の座標』(垣内出版，1986年)
本田和子『女学生の系譜・増補版―彩色される明治』(青弓社ルネサンス，2012年)
稲垣恭子『女学校と女学生』(中公新書，2007年)
片岡栄美「教育達成と文化資本の形成」稲垣恭子編『教育文化を学ぶ人のために』第3章 (世界思想社，2011年)
加藤恵津子『〈お茶〉はなぜ女のものになったか』(紀伊国屋書店，2004年)
佐々木啓子『戦前期女子高等教育の量的拡大過程』(東京大学出版会，2002年)
永峰重敏『雑誌と読者の近代』(日本エディタースクール出版部，1997年)
Molony, B. and Uno, K., Gendering modern Japanese History. The Harvard University Asia Center, 2005
佐藤八寿子『ミッション・スクール』(中公新書，2006年)
相馬黒光『明治初期の三女性』(厚生閣，1940年)
相馬黒光『黙移 相馬黒光自伝』(平凡社ライブラリー，1999年)
竹内洋『教養主義の没落』(中公新書，2003年)
玉川裕子編『クラシック音楽と女性たち』(青弓社，2015年)
山本禮子・福田須美子「高等女学校の研究―高女卒業生のアンケート調査から」(『和洋女子大学紀要』第27集，1987年)
吉田文「高等女学校と女子学生―西洋モダンと近代日本」『近代日本文化論第8巻 女の文化』(岩波書店，2000年)

10 〈師弟関係〉という文化

　〈教える―学ぶ〉という関係は，教育の営みの中核である。そのあり方は，学校における教師と生徒・学生の関係だけでなく，社会一般に浸透する教育の重要な文化装置である。本章では，広い意味での〈教える―学ぶ〉関係の原型としての師弟関係に焦点をあて，その特徴としくみをみていくことによって，現代の教育関係を新しい角度から考える。
【キーワード】師弟関係，疑似師弟関係，日本的互酬性，「日本型」年功序列，感情労働，感情サービス

1. 師弟関係とは

(1) 学校の先生と「人生の師」

　「先生」というと，まず学校の教師のことを思い浮かべることが多いだろう。しかし，現代では学校に行くのが当たり前になっているが，学校がない時代でも優れた人物が周囲の人を感化するという営みは存在していた。文芸評論家の吉田健一は，孔子やソクラテスが弟子を集めて教えたりしていたやりかたや，中世ヨーロッパの大学のように，一見学校のようにみえるものも，実はわれわれがイメージするような学校とはちがって，教える者と教えられる者の人間全体が関わってくるような個別的な関係，すなわち師弟関係を通して，特定の学問や技が身につけられていくしくみが存在していたといっている[1]。つまり学校における教師と生徒の関係と，そうした師弟関係とは異質なものだというのである。
　たしかに師弟関係というと，現在では相撲や落語，歌舞伎といった伝

---

1) 吉田健一「寺子屋」森毅編『日本の名随筆　学校』作品社，1995年，9頁

統芸能・芸術やスポーツ，あるいは宗教のような限られた世界に存在する特殊な教育関係に思えるかもしれない。といっても近年では，そうした世界も，学校のようなより合理的な組織や運営方法による教育に変わりつつある。

　しかし1970年代頃までは，学校でも社会一般の日常生活においても，むしろ「師」とか「師弟関係」「門下生」といったことばがよく使われていた。たとえば，学校時代の先生のことを「恩師」と呼んだり，大学のゼミの指導教授との関係を○○門下，○○学派といったりすることは日常的によくある。自伝や回想録には，そうした師弟関係の思い出が語られていることも少なくない。また，学校以外でも趣味や稽古事，サークルの先生や先輩，あるいは勤め先の上司のことを「師匠」「人生の師」と呼ぶこともある。

　そうした呼びかたをするのは，現実に徒弟制度や師弟制度のような制度化された形で師弟関係を結んでいる場合だけではない。学校の先生であれ稽古事の師匠であれ，特定の知識や技能を教えてもらうだけでなく，人間全体としてかかわり，そのなかで大きな影響を受けたような場合には，「恩師」とか「師匠」ということばで表現することが多い。その意味では，疑似師弟関係ということができるだろう。このような疑似師弟関係も含めて，個別的かつ全体的なかかわりのなかで形成されていく指導関係のことを，広い意味で師弟関係と呼んでいる。

（２）師弟関係への新たな関心

　しかし現在では，学校の先生や稽古事の師匠，会社の上司などを師になぞらえるような師弟関係は，社会関係全般から消失しつつある。学業や仕事に必要な情報や知識を媒介とする機能的で部分的な関係が一般化し，先生や上司に勉強や仕事以外のことで相談したり，プライベートなつき合いをしたりする機会は少なくなっている。もちろん，学校や職場に適応できなかったり，うまくいかないときに励ましたり相談を受けたりすることはあるだろう。しかし，それらは学業や仕事をスムーズに進めるためのサービスの一環という側面が強く，師弟関係のような全体的

なかかわりというわけではない。

　このように現代の社会では，伝統的な師弟関係のような上下の関係を前提とした長期にわたる全面的な指導関係は少なくなっている。親と子の関係，学校の教師と生徒の関係，上司と部下の関係など，あらゆる社会関係，教育的関係はヨコの関係に近づきつつあり，はっきりした上下関係は「上から目線」として批判されることもしばしばある。

　しかし一方で，弟子入りや修行生活を描いた本が話題になったり，「カリスマ○○」がブームになったりすることもあるように，師弟関係がロマン化されるような現象もみられる。師弟関係が現実の生活から遠ざかっているからこそ，そのいい面だけがクローズアップされるということもあるだろう。また，テレビやインターネット等のメディアを通して，間接的に知った人物に憧れてその発言をずっとフォローしたり，「こころの師」として尊敬しひそかに師事するというように，新しいタイプの疑似師弟関係もみられるようになった。

　先のみえない不透明な時代のなかで，自らの生きかたのモデルを模索したいという願望や，短期的で機能的な関係のなかで失われた全体的な関係への欲求や，誰かに認められたいという承認欲求などをすくい上げるものとして，師弟関係があらためて浮上しつつあるようにおもえるのである。

　こうした現象もふまえて，本章では，教師と学生・生徒の関係について，学校のような制度化された場での機能的関係としてだけでなく，師弟関係の文化や慣習という側面も射程に入れて，広くその意味について考えることにしたい。

2．師弟関係の原型

（1）古典芸能の世界

　現在でも師弟関係が実際に生きている世界といえば，落語や歌舞伎，文楽，染織，書道，日本画など，いわゆる古典芸能や芸術，あるいは相撲や武道のようなスポーツを挙げることができるだろう。近年は大学卒

も多くなっているが、伝統的にはこうした世界では、早ければ11～12歳から15～16歳で弟子入りし、師匠の下で数年から十数年くらい修業した後に一人前として独立するというのが一般的である。相撲の世界でも、親方の部屋に新弟子として入門し、何年か住み込みの修業をした後に土俵に上がるのがしきたりになっている。こうした世界では、親方や師匠と寝食を共にする長期にわたる修業が前提になっており、その過程で師と弟子の間に密接な関係がつくられていくことが多い。

各界著名人が自身の半生を綴った「私の履歴書」(「日本経済新聞」)は、1956年から続く人気コーナーだが、このなかには古典芸能や伝統芸術の第一人者も著者としてしばしば登場している。その思い出には、必ずといっていいほど師弟の関係が語られていて、しかもかなりの部分を占めていることが多い。表1は、これまでに「私の履歴書」に執筆した著者561人のなかで、特にひとりの師についての記述量が多い人物のリストである。

表1　ひとりの師との思い出記述量が多い人物リスト

順位	名前	主たる先生の思い出率(%)	生年	先生の名前	備考（職業・関係）
1	原安三郎	40.5	1884	山本条太郎	三井物産常務
2	尾崎一雄	22.4	1899	志賀直哉	作家
3	豊道春海	21.8	1878	西川春洞	書道家
4	尾上松緑	21.6	1913	尾上菊五郎	歌舞伎役者（6代目）
5	桐竹紋十郎	19.0	1900	吉田文五郎	文楽人形遣い
6	尾上梅幸	17.5	1915	尾上菊五郎	歌舞伎役者（父）
7	船村徹	16.2	1932	高野公男	作曲家
8	福永健司	15.1	1910	吉田茂	政治家
9	奥田元宋	14.5	1912	児玉希望	日本画家
10	菊地庄次郎	13.7	1912	河合栄治郎	経済学者、東京帝大教授

注：数値は、著者の記述全体のなかでひとりの「師」についての記述が占める割合を示す。
(稲垣恭子「自伝にみる師弟関係」斎藤利彦編『学校文化の史的探究』東京大学出版会、2015年、215頁)

1956年から2008年までに掲載された561名の著者の「ひとりの先生についての記述」の平均が1.1％だから、ここに挙げられた著者たちがいかに「師」への思い入れが強いかがうかがえるだろう。このなかには、

原安三郎や菊地庄次郎といった経済人もいるが，やはり書道家，歌舞伎役者，文楽人形遣い，日本画家など，いわゆる伝統芸能・芸術の世界の人たちが目立つ。ひとりの師との長期にわたる密接な師弟関係が，仕事の上でも人生にとっても大きな位置を占めていることがわかる。では，その師弟関係とはどのようなものだろうか。

（2）長期にわたる関係

　伝統芸能や芸術の世界では，一人前になるのに長期を有することが多い。文楽人形遣いの世界はとくにそうである。表1で5番目に挙がっている二代目桐竹紋十郎は，明治42年，9歳のときに師匠の文五郎のところに，門弟第一号として弟子入りしている。その後，師匠が92歳で亡くなるまでの52年間にわたる師弟関係について，掲載された紙面全体の19％の分量を使って記述している。

　文楽の世界では，入門して1～2年は雑用や舞台の下働きをしてから，ようやく実際に人形を遣うことが許される。ひとつの人形を動かすのは3人がかりで，人形の足だけを専門に操作する「足づかい」，右手で人形の左手だけを専門に扱う「左づかい」，人形の頭をもって人形全体を支えながら首と右手を操作する「主づかい」に分かれている。まず，「足づかい」に5年から10年，さらに「左づかい」に5年，10年と修業してから，ようやく「主づかい」を任せられる。「足十年，左十年」といわれる長い修業を経て，ようやく一本立ちとなるのである。なかには，一生「足づかい」や「左づかい」で終わる人もいるというから，大変な世界である。

（3）見て学ぶ

　この長い修業の間に，どのような師弟関係が営まれるのだろうか。桐竹紋十郎は，最初の1～2年は，「めでたくでし入りはしたものの，いっこうに人形はつかわしてはくれません。くる日もくる日も，黒衣を着せられて，お茶くみ，使い走り，雑用ばかり」[2]だったという。そのなかで，この世界のしきたりや空気を察し，浄瑠璃や三味線の間を覚えていくと

いうわけである。そうやって人形遣いの世界に馴染んでから、ようやく実際の人形を遣わせてもらうようになる。

しかし、肝心の人形遣いの稽古も、口で説明したり手をとって教えるというのではなく、師匠や先輩の問わず語りの芸談や雑用の合間にひとり練習してみるという「師匠があってなし」だったという。3人がかりで人形を扱う文楽では、師匠に使ってみせてもらうこともできない。コツを教えてくださいといって教えてくれるわけではないし、また口で説明したり手をとって教えてもらったとしても、実際に人形を同じように動かせるわけではない。だから、「師匠や先輩の問わず語りの芸談を小耳にはさんだり」、「先輩の人形を盗み見して、ヒマを見つけては楽屋の鏡の前で人形を自分ひとりで持って工夫する」[3] ことになる。

舞台に出て人形の遣い方が悪いと、その場で師匠が「ウーム」とうなるのだという。「これは私の足がよくないときで、ほかの師匠ならここで蹴とばすところなのですが、師匠は「ウーム」といって私に反省させるのです。そんなときは、どうして自分はこうへたくそなのかと、自分で自分がうらめしくなります」[4] と当時を思い返している。師匠が「ウーム」とうなるのが反省を促してのことかどうかはわからないが、弟子のほうはそれを「教え」として理解するわけである。

このように、長期にわたる修業の間、師匠が直接に教えてくれる機会はほとんどないにもかかわらず、師弟の関係はしっかりと根づいていく。長年、師匠と生活を共にする間には、文楽の世界の空気が身につくと同時に、血縁関係ではないものの情愛の通った擬似親子のような親密さも生まれる。もちろん、その過程では葛藤や確執もあるが、そうした経験も含めて、「師」との密接な関係が人生のなかに深く刻み込まれていることは間違いない。

2）桐竹紋十郎『私の履歴書　文化人　11』日本経済新聞社，1984年，145頁
3）同書，161頁
4）同書，153頁

（4）家族的親密さと上下関係の厳しさ

　文楽の世界だけでなく，落語や歌舞伎などでも一人前として自立するまでには長期にわたる修業が必要とされており，その間には師弟の間に家族のような親密さが生まれてくる。師匠が「あ」といっただけで何をいいたいかも察せられるくらいになる。そうなってはじめて，師匠の芸や技が体得されるというわけである。

　しかし一方では，師匠と弟子という上下関係は厳然として維持され，師匠がいうことはたとえ理不尽でも受け入れることが暗黙の前提になっていることが多い。落語家の立川談志の弟子たちの回想をみると，談志は弟子が失敗したりすると苛酷な制裁を与えたり，自分から約束を反故にするなど理不尽な態度をとることもしばしばだったようだ。しかも談志自身は「修業とは矛盾に耐えることだ」と宣言していたという[5]。

　なかにはこうした見習い修業の厳しさに耐えられずにやめていく新弟子もでてくる。しかしそれでも師匠についていくのには，やはり師匠の芸と人間性が一体となった魅力が大きいだろう。このような家族的な親密さと上下関係の緊張感が併存する独特の師弟関係のなかで，その世界がまるごと体得されていくのである。

　もちろんその過程では，葛藤や確執も生まれる。立川談志の弟子のひとりである立川生志は，自伝的エッセイのなかで，師匠である談志との25年にわたる濃密な関係を語っている。真打ちとして認められるまでに20年もかかった経緯のなかで，真打ちになることが師匠への感謝であると同時に復讐にもなるという愛憎半ばするような関係が，具体的なエピソードとともに描かれている[6]。一言ではまとめられないような師弟関係の体験は，人生にとって大きな影響力をもつものだったのである。

（5）日本的互酬性と師弟関係

　伝統芸能や芸術の世界では，師弟関係とプロの世界が直接につながっ

5）立川談春『赤めだか』扶桑社，2008年，47頁
6）立川生志『ひとりブタ　談志と生きた二十五年』河出書房新社，2013年

ている。いくら芸が達者でもそれだけでは素人芸であって，師匠に入門しそこで認められてはじめてプロとして世にでることができるのである。だから見習いや修業期間に内弟子として師匠の家に住み込み，一緒に生活することも多い。その期間の生活や稽古はたいていの場合，師匠のほうでいっさい面倒をみてくれる。いわば丸抱えで世話になるわけである。その代わり，師匠の身の回りの世話から雑用まで引き受け，ときには理不尽な仕打ちや物言いに我慢しなければならないこともある。そうしたことも含めて，長期にわたる密接な関係のなかで，疑似家族のような感情的な絆が生まれてくる。

しかし，親子関係とはちがって，師と弟子の関係はあくまでもプロになることを前提とした社会的関係である。ビジネス上の関係のように表立って語られることは少ないが，そこには暗黙のうちに「契約」関係がともなっている。

「契約」といっても，労働条件や昇進の基準といった経済的な側面だけではない。長年にわたり生活全般を含めて世話になった師匠への感謝や恩義，あるいは辛抱して修業した弟子への愛情と責任といった，感情の面でのバランスも含んでいる。師弟制度や徒弟制度は，そうした感情と勘定を秤にかけて，そのバランスを長期にわたって維持していく制度であり，そのしくみが日本的互酬性である。

互酬的な関係とは，相互行為をするもの同士の間に，与えるものと受け取るものの間のバランスがとれている状態である。何かしてもらったら，それと同等のお返しをする。それによって両者の間に貸し借りのバランスがとれるわけである。その際，与えるものと受け取るものが必ずしも同じである必要はない。困難な状況のときに感情的に支えてもらったお返しに，遺産の一部を譲るといったように，感情の支えを金銭に変換して返すという場合もある。

木村洋二（1995）によれば，互酬的関係には，短期互酬的な関係と長期互酬的な関係とがあるという。短期互酬的な関係とは，してもらったこと（負債）に対して，間をおかずに返す（返済）というように，短期間に互酬性のバランスを取り戻すような関係である。お祝いをもらった

ら，1ヶ月後くらいに内祝いという形でお返しをするような場合である。一方，長期互酬的な関係は，もらった好意や恩義に対してすぐに返礼するのではなく，少しずつ長期にわたって返していくような関係である。結婚や就職の際に世話になった人のところに毎年挨拶に出向いたり，盆暮れに贈り物をするというように，一度に返すのではなく長い期間をかけて返していく。そうやって，バランスシートが少し傾いたまま，長期にわたって関係が維持されていくことになる。このような長期的な互酬関係が，日本的互酬性である[7]。

　師弟関係も，弟子が師の教えや感情的な支えを恩義（負債）として受けとめ，長期にわたって返していくという意味では，長期的な互酬関係（日本的互酬性）だということができるだろう。しかも師弟関係の場合，師の「恩」のほうが弟子の「献身」よりも重く見積もられるために，互酬性を量る天秤はあらかじめ師のほうに大きく傾いている。だから，実力や地位の上で弟子が師を上回るようになっても，師弟の間の上下関係は維持されていくのである。

(6)「日本型」年功序列

　このように，伝統芸能や芸術の世界では，師と弟子，兄弟子と弟弟子の関係は終生変わらず維持されていく。昇進や一本立ちも，入門してからの年数によって決まっていくことが多く，また一本立ちしてからも師匠や兄弟子には一歩下がって接するのがマナーとなっている。その意味では，年功がものをいう世界である。

　年功序列とは，個人の実力や成果によってではなく，年齢や勤続年数によって昇進・昇格が決まっていくシステムのことである。伝統的な世界だけでなく，合理的組織であるビジネスの世界でも，終身雇用，年功賃金とともに年功序列が「日本的経営」の特徴とみなされたこともあった。

　しかし，古典芸能の世界であれビジネスの世界であれ，現実には必ず

7）木村洋二『視線と「私」──鏡像のネットワークとしての社会』弘文堂，1995年

しも年功だけで昇進や地位が決まるわけではない。年功順で昇進が決まる場合でも、そこには実力の裏書きがともなっているのだという暗黙の了解が存在していたり、ときにはそれを証明するような形で、下が上を追い抜いて昇進し、年功序列が覆されるケースが生じることもある。年功序列を基本としつつも、実力主義が織り込まれたしくみになっているのである。純粋な年功序列ではないが完全な実力主義、成果主義でもない、こうした独特のしくみを「日本型」年功序列と呼ぶことができるだろう。

このような「日本型」年功序列社会においては、結果や成果だけでなくそれに向かう姿勢や態度といったプロセスも重視される。努力や真面目さ、辛抱強さといった価値が評価されるのもそのためである。そこには、成果につながらなくても辛抱し努力することによって、長年の間に人物が練れ、信頼できるようになるという暗黙の了解が存在する。

古典芸能や芸術の世界では、なかなか入門を認めてもらえないことが多い。「多くの師匠方は弟子入り希望の人が来た場合、必ず一度は断ります。これは本人のやる気を見るためで、断られても二度三度と来る者を弟子入りさせます」[8] というように、まず忍耐力が試される。入門してからも、たいていはさらに厳しい見習い修業が続くことになる。それに耐えて乗り越えることが、その世界に入るイニシエーション（加入儀礼）になっているのである。

こうした了解の下に、たとえ実力や地位では肩を並べるようになっても、あくまでも師匠や先輩を尊重することが、規範として共有される。「謙虚さ」が重視されるのもそのためである。自分の能力や実力をアピールし相手に認めさせることが成功の鍵である成果主義や実力主義の社会では、謙虚であることはあまり意味がない。「まだまだ私なんぞ、足元にも及びません」などといってへりくだったり遠慮したりしても、謙虚というより自信のなさとか尻込みとみられることになる。

---

8) 十一代桂文治「落語界における師弟関係」『学校運営』全国公立学校教頭会、2014年9月号、18頁

しかし，年功と実力を合わせた日本的慣行では，たとえ自分の実力のほうが上回っていても，先輩や師匠を「立てる」ことによって，関係がスムーズに維持されると同時に，彼らのプライドも保たれるのである。たとえば，一生大部屋で満足しても，それが野心のなさではなく芸に対する真摯さとして一目おかれることもしばしばある。逆に，普通よりも早く昇進するような場合には，本人の慢心や他者からの嫉妬を回避するために，人前で苦言を呈したりすることもある。落語家の八世桂文楽は，ある寄席でしくじったことをふたりの師匠からさんざん小言を言われた挙句，「来月から二つ目にしてやるぞ」といわれたという。普通，3年から5年かかるところを2年で昇進することになったから，本人への自戒と周囲への配慮から行なったパフォーマンスだったわけである[9]。ハードな成果主義や実力主義による関係のきしみを緩和するのが，この「気づかい」という規範である。

　しかし，弟子の側の「気づかい」だけで師弟関係が維持されるわけではない。相手を立てる謙虚さや気づかいが意味をもつのは，師匠の側がその謙虚さの裏にある才能や実力を見出し取り立てる，いわば「慮(おもんぱか)る」余裕や配慮があることが前提である。このような「気づかい」と「慮り」という感情の互酬性をともなった上下関係を前提として，そのなかに能力や実力の評価を織り込んでいくしくみが，「日本型」年功序列なのである。

3. 師弟関係の変容

師弟関係の機能分化

　これまでみてきたように，師弟関係は，師と弟子の感情と勘定のバランスをトータルに組み込んだ長期的な互酬関係である。師弟関係においては師の「配慮」や「世話」のほうが，弟子の「敬慕」や「献身」より

---

9) 八世桂文楽「芸談あばらかべっそん」『日本人の自伝21』平凡社，1981年，36～37頁

も重く見積もられるため,互酬性の天秤はあらかじめ師のほうに傾いている。だから,実力や地位の上では弟子のほうが上回るようになっても,師弟の関係が安定して続いていくことにもなっている。このようなしくみは,年功と実力を合わせた「日本型」年功序列のシステムと親和的である。その意味では,師弟関係は,「日本型」年功序列のシステムを支える文化装置としてみることができるのである。

このようなしくみは,近代的な学校教育をはじめとしてさまざまな近代的組織においても「疑似師弟関係」として機能してきたが,近年は社会全般からほとんど消失しつつあるといってもいいだろう。とくに,知のグローバル化やフラット化が進んでいく1980年代後半以降においては,教師と生徒・学生の関係も短期的互酬性を前提とした機能主義的でツール的な関係に集約される傾向が強くなっている。

とはいえ,失敗したときや落ち込んだときの感情的な支えやケアが必要でなくなったわけではない。むしろ,合理的な関係が前面化するほど,そうした支えの必要も増している面もある。しかし,それは師弟関係のようなトータルな関係によってではなく,それ自体を目的としたサービスによって補填される傾向が強い。

A. R. ホックシールドは,顧客サービスとしての心理的・感情的な配慮を「感情労働」と呼んでいる[10]。その典型的な例として挙げられているのは,飛行機の客室乗務員である。乗客にたいして常に笑顔でやさしく接することが求められるため,ストレスが高まったりバーンアウトすることも少なくない。現在では,学校教師の仕事にも,こうした「感情労働」の側面を求められる傾向が強くなっている。

しかし,学生・生徒との感情的なつながりといっても,師弟関係とはちがってあくまでも役割関係のなかでの「感情労働」である。だから,行き過ぎたり役割をふみはずしてしまうと逆効果になったり,場合によってはセクハラやアカハラになってしまう危険もある。感情的な配慮

---

10) A. R. ホックシールド,石川准,室伏亜希訳『管理される心―感情が商品になるとき』世界思想社,2000年

を行いながらも，それが役割関係であることを常に意識しつづけなければならない。ストレスやバーンアウトがそうした状況から起こる場合も少なくないのである。

このように，現代の教師と学生・生徒の関係においては，知識や技術を教える道具的（instrumental）な関係と，学習を励ましたりつまずいたりしたときの感情面（emotional）での支えは，それぞれ教育サービスとして機能分化した形で提供されるようになりつつあるということができるだろう（図1）。その意味では，フォーマル，インフォーマルを含めて，合理的・機能的な関係が分化しつつ徹底化する方向にある。

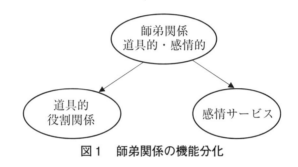

図1　師弟関係の機能分化

教師―生徒関係の機能分化は，師弟関係のように上下の全面的な関係のもつ束縛やジレンマを回避できるという意味では平等で開放的なシステムである。しかし，教える―学ぶ関係を機能主義的な関係に限定することは，「教育」の営みを目に見える計測可能な結果と結びつけるものに一元化することでもある。「師弟関係」という視点は，近代的な教育システムをより深層で支えてきた構造について再考する上でも重要である。

研究課題

・現在も疑似師弟関係が色濃く残っている場はあるだろうか。また逆に，ツール的関係が強く表面に出ているのはどのような場だろうか。それぞれについて例を挙げ，具体的にどのようなコミュニケーションがなされているのか調べてみよう。

・「感情労働」が要求される仕事にはどのようなものがあるだろうか。具体的に調べてみよう。

参考・引用文献

A. R. ホックシールド，石川准，室伏亜希訳『管理される心―感情が商品になるとき』（世界思想社，2000年）

稲垣恭子「自伝にみる師弟関係」斎藤利彦編『学校文化の史的探究』（東京大学出版会，2015年）

木村洋二『視線と「私」―鏡像のネットワークとしての社会』（弘文堂，1995年）

桐竹紋十郎『私の履歴書　文化人11』（日本経済新聞社，1984年）

森口華弘『私の履歴書　文化人8』（日本経済新聞社，1984年）

立川談春『赤めだか』（扶桑社，2008年）

立川生志『ひとりブタ　談志と生きた二十五年』（河出書房新社，2013年）

吉田健一「寺子屋」森毅編『日本の名随筆　学校』（作品社，1995年）

11 近代教育の表層と深層

　現代社会は，これまでの制度や秩序が後退し，液状化しつつあるといわれる。それにともなって近代的な知を前提とした教育文化のしくみから，より流動的でフラット化したポスト近代的な教育スタイルへと移行しつつある。本章では，近代教育を表層と深層の織り合わされた重層的なしくみとしてとらえ，とくにその深層を支える文化として，師弟関係の力に焦点をあてて考察する。それによって，近代教育からポスト近代教育へと移行しつつあるといわれる現代の教育について新しい角度から考えたい。
【キーワード】近代教育，ポスト近代教育，ストックの知とフローの知，人格化された知

1.「近代教育」・「ポスト近代教育」・「師弟関係」

（1）フラット化する社会

　教師と生徒の関係は，教える―教えられるという相補的な役割関係から，学習者とその支援者という関係に変わりつつあるといわれる。近代的な教育においては，もともと明確な上下関係に基づく指導ではなく，学習者の主体性をベースにした教育が理念とされてきたが，近年はとくに，「伝達」モードよりも「まなび」モードが強調されるようになっている。

　その背景には，社会のフラット化や知のグローバル化とそれにともなう教育の制度的な変化があることはいうまでもない。「フラット化」というのは，インターネットをはじめとする各種メディアの広がりのなかで，これまでのように境界と階層化がはっきりしていた秩序が崩れ，境界を超えた組み換えや組み合わせが柔軟に行われるグローバルな社会へ

と，世界全体が移行しつつあるというイメージを表現したものである。

　たとえば，オペラハウスでオペラを鑑賞するのとロックコンサートに行くのとでは，チケット代からドレスコード，マナーまで大きく異なる。だから，オペラに行く人とロックコンサートに行く人では趣味が違うというだけでなく階層や収入による偏りも生じる。ところが，DVDやインターネットの普及によって，そうした異なる領域の段差を越えて，それらを同列に並べて鑑賞することが可能になった。それとともに，「高級文化」と「大衆文化」といったヒエラルキーが意味をなさなくなり，誰もがフラットに並べられた領域のどこにでもサーフィンしていくことができるようになるのである。

　もうひとつ，テレビ番組を例にとってみよう。かつては報道番組，ドラマ，お笑い番組など，番組のスタイルによって構成からテーマ，出演者まではっきりと違いがあったが，近年は，ドキュメンタリー，報道，エンターテインメントといった枠を取り払った，いわゆる「バラエティ番組」が大部分を占めるようになっている。バラエティ番組では，学者，政治家，タレント，スポーツ選手といったそれぞれ別の分野や立場の専門家が，同じテーマについてひとつの土俵で議論するというスタイルをとることが多い。

　このように，あらゆる領域で境界とヒエラルキーが取り払われ，横並びになった領域を自由に行き来していくような社会のイメージがフラット化である。そうした状況を，従来の秩序が崩れるという側面からみると「液状化」であり，知の組み換えや変化の側面をクローズアップすれば「フラット化」や「知のグローバル化」ということになる。

　こうした変化にともなって，教育の領域においても，従来のようにまとまった知の体系を段階的に習得していくような教育よりも，知を柔軟に組み合わせ使用していく能力のほうに重点がおかれるようになりつつある。また，選択の自由や柔軟性によって独創性や創造性が生まれることが期待されるようになっている。教える側の論理を軸にした「上から目線」の教育よりも，学習者の目線にたった「まなび」という語感がフィットしやすいのは，そうした社会的背景を考えればわかりやすい。

（２）「近代教育」と「ポスト近代教育」

　このように旧来の制度が後退し秩序が揺らぎつつあるなかで，これまでとは異なる新しいスタイルの教育への期待が高まりつつある。たとえば，従来のような体系だった知識の習得よりも，さまざまな領域の知識を柔軟に組み合わせて，実際に運用していく能力（コンピテンシー）や独創性，創造力が強調されるようになる。それにともなって，教育実践においても，教師から生徒・学生への「伝達」モードよりも，学習者自身の興味や経験と照らし合わせて課題に取り組んでいく「まなび」モードへとその中心が移行する。

　従来の教育が近代社会と対応しているとすれば，このような「まなび」中心の教育は，ポスト近代社会のイメージとの親和性が高いといえるだろう。ポスト近代社会は，近代社会を支えてきた構造や秩序が揺らぎつつあるという側面からみれば「液状化」あるいは「制度の後退」として，知の組み換えや変化の側面をクローズアップすれば「フラット化」や「知のグローバル化」としてとらえられる。その意味では，「まなび」を中心とする教育は，従来の近代（主義）的な教育社会に代わる新しい時代の教育社会へと方向づけられているといえるだろう。

　そこで，従来の教育を軸とした教育を「近代教育」，「まなび」を軸とする新しいスタイルの教育を「ポスト近代教育」として，それぞれの教育の特徴をまとめてみたのが，次の表1である。

表1　「近代教育」と「ポスト近代教育」

		近代教育		ポスト近代教育 （フラット化・液状化・グローバル化）
表層		・学力 　（記憶力，理解力，基礎力） ・ストックの知 ・文化資本（コンテンツ） ・タテ（役割/ツール）関係 ・学問の論理 ・計測可能な学力評価	→ → → → → → →	・運用能力（コンピテンシー） 　（創造力，コミュニケーション力） ・フローの知 ・社会資本（つながり） ・ヨコ（共同）関係 ・経験世界との連続性 ・総合的な能力評価
深層		＊師弟関係の力 　・人格化された知 　・タテの情誼関係 　・模倣とオリジナリティ 　・計測不可能な体験		

（稲垣恭子「師弟関係の社会史第9回　近代教育の深層」『内外教育』第6419号，2016年，9頁をもとに作成）

表をみるとわかるように,「近代教育」には表層と深層とが存在しているが,一般に近代教育として想定されているのは表層の部分である。その特徴は,まず記憶力や理解力,基礎力などのいわゆる「学力」や,その前提として各学問領域のなかで蓄積されてきた「ストックの知」を重視することである。それを通して得られるのは,学問的知識や教養などのコンテンツ(文化資本)である。そこでは,学問の論理にそった体系的な知識の伝達が教育の中心であり,したがって教師と生徒・学生の関係は,教える側と教えられる側が明確に区別された役割関係が基本となる。場合によっては,試験や受験,単位認定などの目的を満たす上で必要な部分でだけ関わりをもつような手段(ツール)的な関係が前面化することもある。そうした教育による成果は,テストや試験による計測可能な学力評価によって客観的にとらえられることになる。これまで学校教育のなかで一般的に行われてきた「近代教育」の特徴はこのようなものであろう。

　それに対して,「ポスト近代教育」の特徴は,「近代教育」の各要素がそれぞれほぼ反対側に位置づけられるものである。まず,記憶力や理解力,基礎力などに重点をおいた従来の「学力」に対して,学際的,領域横断的な知から生み出される創造力やそれを媒介するコミュニケーション力などの総合的な運用能力(コンピテンシー)が重視されるようになる。また,「ストックの知」や文化資本(コンテンツ)に対して,さまざまな学問領域を横断する「フローの知」やそれを運用していく社会関係資本(つながり)が対置される。さらに,従来の教育が「学問の論理」を前提としてきたのに対して,ポスト近代教育においては,学習者の「経験世界との連続性」が重視される。したがって「計測可能な学力」だけでなく,課題に取り組む姿勢やその変化も考慮する「総合的な能力」が評価の対象となる。それにともなって,教師と生徒・学生の関係も,知識の伝達を軸としたタテ関係ではなく,学習者同士が主体となるヨコ関係が強調されることになる。

　このように,「ポスト近代教育」は,「近代教育」の反対側にその特徴を位置づけることによって,新しい「教育社会」の可能性を方向づけよ

うとするものであることがわかるだろう。

(3) 深層としての師弟関係

　しかし，現実の教育は必ずしもその表層部分だけで運営されてきたわけではない。一見合理的な「近代教育」にも，近代主義的な側面（表層）だけでなく，より深層のところで，それを補完し支えてきた別の側面が存在している。その重要な部分を担ってきたもののひとつが，「師弟関係の力」である。「近代教育」においては，教師と学生・生徒という制度的・機能的な役割関係がオモテの関係であることは間違いない。しかしそれだけではない。日常的な教育関係の積み重ねのなかで，感情的な結びつきを含んだトータルな関係が役割関係のなかに織り込まれ，それが「近代教育」を下支えし安定化させてきた面も見逃せない。そうした「近代教育」の深層を支える「師弟関係」の特徴は，「人格化された知」，「タテの情誼関係」，「模倣とオリジナリティ」，「計測不可能な体験」としてとらえることができる（表1）。それぞれについて，次節で具体的にみていこう。

2．師弟関係という力

(1) 人格化された知

　「近代教育」が前提としている知は，各学問領域のなかで蓄積されてきた「ストックの知」である。「ストックの知」そのものは学問の論理にそって体系化された「非人格的な知」であり，その理解度は客観的な学力評価によって測定しうる。一般にイメージする「ストックの知」の教育は，この側面を指していることが多い。

　しかし，「ストックの知」はひとたび受け取る側の経験世界のなかで翻訳され引き入れられることによって，独自の「人格化された知」となる。師弟関係のなかで伝わっていくのは，このような「師」の存在そのものと一体化した知，すなわち「人格化された知」である。

　そのひとつの例として，西田幾多郎の授業を取り上げてみよう。西田

幾多郎といえば,『善の研究』などの著書でも知られる哲学者だが,京都帝国大学に在職中,毎週土曜日の午後に開講していた授業は名物講義として有名だった。特殊講義と呼ばれるその講義は,文科の学生だけでなく卒業生や他の学科の人たちも聞きにくるので,階段教室がいつも満席の状態だったという。講義の様子はだいたい次のようなものだったようだ。

まず,たいてい30分くらい遅れて着物姿で教室に入り,教壇をいったりきたり歩きながら,ぽつりぽつりと低い声で話しはじめる。時々立ちどまって黒板に円を描いたり線を引いたりもする。また時には急に黙って教壇の上で考え込んだり,かと思うと我を忘れたようになって一気に話を進めていったりする。そのうちに急に目を上げて近眼鏡の底から聴衆のほうを見るときがあって,それが話が一段落したか講義が終ったしるしである。2時間の講義だが,「今日は疲れているから」といって1時間ほどで終わることもあったという。

大正10 (1921) 年に京都帝国大学哲学科に入学した西谷啓治は,「先生の講義は普通の意味で纏つたものではなかつた。論理的な順を追ふて話を積み上げて行き,全体として或る纏つた考を呑込ませる,といふやうな遣り方ではなかった」[1)] と,思い出のなかで語っている。同じく西田に師事し,5年間ずっとこの講義に出席した三木清も「(先生は) ひとに話すというよりも,自分で考えをまとめることに心を砕いていられる」[2)] ように思えたという。

予め準備したテーマについて論理的に説明していくといった一般的な講義からみると,かなり独特な講義スタイルである。ノートを取ろうにもなかなか取りにくい。だから,講義内容について言ってみろといわれても簡単には説明できないし,また根本までわかったとも言い難い。今の大学では考えられないような講義スタイルである。にもかかわらず,

---

1) 西谷啓治「西田幾多郎先生を語る」社会思想研究会『わが師を語る』社会思想研究会出版部,1951年,189頁
2) 西田幾多郎・三木清『師弟問答　西田哲学』書肆心水,2007年,80頁

講義を聴いた人は「恐らく誰でも，言ひ表し難い何ものかを捉へたやうな，心を（或は眼を）開かれたやうな感じ」[3]で教室をでることになったという。

　今では考えられないような授業風景である。簡潔でわかりやすく聴衆を飽きさせないことが重視される現在の授業からみると，西田の講義がなぜこれほど人気があったのか不思議におもえてもおかしくないだろう。この決してわかりやすくはない講義に多くの受講者が惹きつけられたのはなぜだろうか。

　そもそも西田の講義を聴きに来る人たちは，わかりやすさを求めていたわけではなかった。西田の本は難解というのでも有名だったから，講義を聴いてもすぐに理解できると思ってはいなかっただろう。それでも，聴いている内にわかってくるところもあり，少しずつその世界に近づいていく実感も湧いてくる。難解であるからこそ，理解できる喜びもあっただろう。学問というものにそれだけ権威があったということができる。

　西田の弟子のひとりである三木清によれば，西田の講義は，既にできあがった学問の精髄を講義していくような「教授風」のものではなく，悪戦苦闘しながら自らの哲学を考えていくプロセスそのものを直接に見せるようなものだったという[4]。そのなかに引き込まれていくことで，西田がものをみたり考えたりするしかたに少しずつ近づいていく。いわば西田の思考の舞台裏に入っていって，それがまとまっていくプロセスに自らをシンクロさせていくような気持ちになるのである。三木は，西田の本を読んでもわからなかったことが，「ぽつりぽつりと講義をされる先生の口から時々啓示のように閃いて出てくる言葉によって突然はっきりわかってくることが」[5]あったという。講義をきいて簡単に理解できるよりも，なかなか到達できないような学問の深みに引き込まれていく魅力が大きかったことがうかがえる。

3）西谷，前掲書，190頁
4）西田，同書，85頁
5）同書，85頁

そこまでいかなくても、西田の講義にともかく迫力を感じたという人は多かった。講義内容は十分に理解できなくても、西洋の学問の権威を背景に「上から目線」で講じるのではなく、独自の哲学をつくっていこうとする姿勢とその迫力は伝わったのである。評論家の唐木順三もこの講義を受講していたが、講義の内容が解ったとはおもわないといいながら、次のように述べている。「私にはそれで十分であった。ここに人がゐる、ここにほんたうの人がゐると実感をもつてひしひしと感じた。先生の姿から、なにかが発射してくる思ひであつた。かういふ人が眼前にゐて、しかも私たちに話しかけてくれるといふことだけで十分であつた」[6]。

ちょっと大仰にも思えるが、それだけ西田への特別な思いが込められていることは伝わってくる。西田の講義は、自分自身が格闘する姿を受講者の前に開示してみせてくれる場でもあった。このように、多くの人が西田に惹きつけられていったのは、その哲学・思想の内容だけではなく、それに向かう姿勢や生きかたまで含めた全体的な魅力だったのである。だから、「西田先生」といういいかたには、ただ学問や知識を教えてくれる教授というだけでなく、その存在全体への敬意を伴った「師」というニュアンスが強く感じられる。

「師」がみているものを同じようにみることで、自分もその世界に近づきたい。学問から生活態度まで含んだ「師」の全体がモデルになるのである。そういう感情的な思い入れをともなったトータルな関係が、一般に「師弟関係」と呼ばれるものである。

このように、西田の講義は、学問体系にそって標準的な知識を教えるのとは異なり、西田という人物と学問が切り離しがたく結びついた「人格化された知」を提示してみせるというスタイルだった。だから、講義を聴く側も、知識だけ習得するのではなく、西田という存在全体を通して理解することになる。そこには、知識の伝達＝習得というおもての関

6）唐木順三「私の履歴書」田辺元・唐木順三『田辺元・唐木順三　往復書簡』筑摩書房、2004年、518頁

係だけでなく，互いの思考や感性全体を含む師弟関係をともなうことになる。

　このような「人格化された知」を媒介とした関係は，西田のように独自の学問を創りだした学者だけでなく，一般的にはきわめてツール的な関係である予備校や塾の教師と生徒の間にも成立する。作家の佐藤優は，『先生と私』という著書のなかで，高校入学までに出会ったさまざまな教師との出会いについて述べている。なかでも，中学校時代から通い始めた塾の国語の先生は，授業も面白かったが，教員室や塾の帰り道にも文学から哲学，思想の世界の魅力について話してくれ，その生きかたや考えかたに大きな影響を受けたという[7]。受験のための勉強という目的を媒介としたツール的な関係がおもての関係である進学塾の先生との間で，むしろ「人格化された知」を媒介とする師弟関係が形成されたという例である。

（2）情誼の関係と模倣の力

　このような「人格化された知」は，マニュアル化して効率よく教えられるものではない。師との密接かつ全体的な関係のなかで，その思考やスタイルまで含めてまるごと体得されていく。だから，必要な知識や技術だけ学ぶのとは違って，時間もかかる。その分，師弟の間に信頼関係や愛情・尊敬といった感情的な絆も生れやすい。そうした感情的な思い入れをともなった師弟関係は，制度的な役割や相互のニーズに応じた役割（ツール）関係とは異質である。

　いうまでもなく，師弟関係は教師（「師」）の個人的な権威をベースにしたタテの関係である。しかし，「近代教育」のおもて側の制度的な権威によるタテ関係とはちがって，弟子である学生・生徒の側の内在的なモチベーションやインセンティブがなければ成立しない。タテの関係ではあっても，必ずしも教師から学生・生徒へという一方向的な関係ではない。

7）佐藤優『先生と私』幻冬社，2014年

それは，学習者中心の「ポスト近代教育」における教師と学生・生徒の関係とも異なるものである。「まなび」型の教育では，学生・生徒の側の経験やニーズに合わせて知識や情報を提供していくスタイルが重視される。だから，授業はわかりやすいこと，独自の思想の展開よりもさまざまな論点を整理して提示すること，学問の論理よりも生活現実との関連性を意識した授業のほうが支持される。受講者の目線にたってさまざまなメニューを提供し，消化しやすいように配列や方法を工夫することにエネルギーを注ぐことになる。

一方，師弟関係においては，弟子（学生・生徒）のほうが，それまでの経験世界と離れて学問の世界に近づきたいという，「背のび」願望をともなう。新しい世界への導き手である「師」との間に尊敬や愛情といった情誼の関係が生まれるのもそのためである。制度的な役割関係とも，学習者の生活世界に引きつけた「まなび」とも異なる，この独特のタテ（情誼）関係が，制度的な教師―生徒関係を補完し支えてきた面も少なくない。

教師個人に体現された「人格化された知」の習得は，師を模倣し取り入れることによって獲得されるところが大きい。独自のマンガ論やメディア批評を行っている大塚英志は，自らが拠り所とするものの見かたを習得するきっかけとなったのが，大学入学時に筑波一帯をバスで回る「新入生オリエンテーション」だったと述べている[8]。そのとき案内役として乗り込んできた千葉徳爾が「なぜあの小山に一本だけ高い木が生えているのか」「なぜあの屋根はあの形か」など，次々に質問をしてそれに自ら答えていくのを聞いているうちに，最初は「ただの田舎の風景」にしか見えなかったものが，「民族学的な風景」に見えてきたのだという。実はそれは柳田國男の方法だったのだが，千葉を通して民俗学の面白さを知り，その見かたを模倣し身につけたことが自らの基盤をつくることになったという。大学院には進学しなかったが，そのときに身につけた方法＝見かたが，独自のマンガ論やメディア批評を切り開く基になった

8）大塚英志『大学論』講談社現代新書，2010年

と述べている。

　師をモデルとして模倣することそれ自体は，創造性や独創性を生みだすわけではない。しかし，いくら師を模倣しても完全に同じになるわけではない。模倣しきれないところが，かえって独自性や独創性として新鮮さを生みだす土壌にもなりうる。独創性や創造性を育てることを最初から目的とするのとは違って，徹底した模倣のなかから独創性や創造性が生み出されることも少なくないのである。

（3）計測不可能な体験

　このように，師弟関係を通して身につけられるものは，〈教育〉という目的にそって予め設定され，プログラム化された内容だけではない。むしろ，師との日常的な接触のなかで，さまざまな機会を通して身につけられる全体的な体験である。そのなかには，〈教育〉という観点からみれば，不合理や理不尽なこともあるだろう。また，感情をともなった密接な関係であることが，かえって関係の捻れや確執を生みだすこともある。師弟関係は，それらをすべて含めた体験である。だから，その成果を客観的に計測したり，学力や能力として示したり評価するのは難しい。

　「近代教育」，「ポスト近代教育」のいずれも，目にみえる形で「成果」を提示することがその正当性の根拠になっている。もちろん，教育の成果を公表し説明することが，合理的な組織としての学校において重要なものであることはいうまでもない。しかし，それは客観的に計測できるような効率的な実践だけに支えられているわけではない。現実には，その深層にあって計測不可能な教育の営みが学校という合理的教育組織の神話を維持してきたところも少なくないのである。

3.「師弟関係」から教育サービスへ

（1）わかりやすく面白い授業

　しかし，西田幾多郎の講義のような授業スタイルや，それに惹きつけ

られていった弟子たちの師への思い入れや師弟関係は，現在ではすっかり馴染みの薄いものになりつつある。むしろ一般的には，難解さとの格闘よりもわかりやすさ，教える側の論理よりも学習者のニーズ，学問の系統性よりも生活現実との関連性を意識した授業スタイルのほうが支持されやすい。

　だから，受講者の目線に立ってさまざまなメニューを提供し，消化しやすいように配列や提示方法を工夫することにエネルギーが注がれることになる。たとえば，1回の講義のなかで，ある概念や知見がまとまって理解できるようにわかりやすく展開する。壇上で講義するだけでなく，パワーポイントや映像資料をつかって関心をそらさないよう工夫するなどは普通である。可能であればさらに，そのテーマについて相互にディスカッションする時間をとったりディベートを取り入れたりもする。マイケル・サンデル教授の『白熱教室』の人気ぶりからもうかがえるように，受講者が自ら議論に参加し，毎回わかったという満足感を実感できることも重要である。

　このような授業スタイルにおいては，教師自身が必ずしも知の「探求者」である必要はない。かえって持論だけを展開するような授業をすると，「もっと多様な視点や理論を整理して教えてほしい」と要望されることにもなる。教師に求められるのは，受講者が授業で学んだ知識をツールとして使いこなしていけるような知識や技能，情報を効率よく適切に提供することである。

　西田幾多郎のように独自の哲学をつくろうと悪戦苦闘する姿に迫力を感じ，その思考に伴走しながら少しでも「師」に近づこうとするような「背のび」の文化の後退に代わって，主流となりつつあるのが，このような学習者目線にたった「まなび」の文化である。

（2）教育サービスとしての教師―生徒関係

　「ポスト近代教育」は，学習者にとってはわかりやすく便利なシステムである。ニーズに合った教育や学習スタイルを選択したり組み合わせることによって，学習の成果も計測しやすい。このように，現在では教

師と受講者（学生・生徒）の関係は，教育サービスを媒介とした合理的・機能的な関係がその基本になっている。こうした関係においては，教師から専門の知識や技術についての指導やアドバイスは受けるが，それ以上に先生のことを知りたいとか，相談にのってもらいたいと思うわけではない。「先生」ということばは，あくまでも役割関係を示すものであって，人生のモデルとして憧れたり模倣する対象としての「師」という意味合いは薄い。

たとえば，内閣府が，世界11カ国の青年（18歳〜24歳）を対象に1972年から5年ごとに行なっている『世界青年意識調査』には，「学校に通う意義」（複数回答可）についてたずねた項目がある。図1は，第6回から第8回までの結果についてグラフ化したものである。

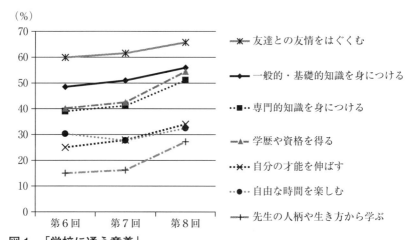

図1 「学校に通う意義」
（『世界青年意識調査』内閣府1999年，2004年，2009年より作成）

第8回（2007年調査）をみると，すべての項目について学校の意義を評価する傾向があるが，なかでも日本の青年にとって，最も重要なのは「友達との友情をはぐくむ」（65.7％）ことだということがわかる。以下，「一般的・基礎的知識を身につける」（55.9％），「学歴や資格を得る」（54.5％），「専門的知識を身につける」（51.1％）と続くが，「先生の人柄や生きかたから学ぶ」（27.2％）は最も低い。それでも，第1回から第

7回までは15％程度だから，第8回調査ではむしろ増加しているくらいである。

　もうひとつ，誰に悩みごとを相談するかという質問（複数回答可）についてもみてみよう。図2は，「悩み事の相談相手」について第6回から第8回までをまとめたものである。

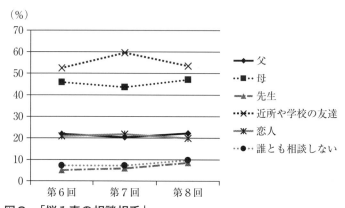

図2　「悩み事の相談相手」
（『世界青年意識調査』内閣府，1999年，2004年，2009年より作成）

　悩み事を相談する相手として最も多いのは「近所や学校の友達」（53.4％）であり，それに続いて「母」（47.1％），「父」（22.2％）が挙げられているが，「先生」に相談する人は8.5％と最も少ない。

　これらの結果をみても，近年の教師と学生の関係は，人生のモデルや相談相手というよりも，講義や演習などのフォーマルで機能的な関係に限定される傾向にあることがわかるだろう。

　とはいえ日常的な感覚でみれば，現在でも講義やゼミでのディスカッションがインフォーマルな会話へと発展したり，あるいは飲み会やコンパなど授業以外のところで先生と接触する機会もある。そういうときに「人間的」な交流が生まれることもあるだろう。実際，講義や指導の場ではもちろん，課外の活動においても「上から目線」で指導するのではなく，相手の状況に配慮しながら居心地のいい関係を維持していくこと自体が，教師の役割として期待されてもいる。しかしそれは，師弟関係

にともなう感情の交流というよりも，役割関係あるいは顧客サービスとして行なわれる側面も大きい。

（3）師弟関係と教育サービス

　本章でみてきたような師弟関係は，効率と目に見える成果を求める近代教育とも，また知のフラット化に対応するポスト近代教育とも異質なものである。しかし，現実の教育においては，効率と目にみえる成果を求める近代教育のなかに織り込まれ，それを下支えしてきた面もあったことは重要である。とはいえ，師弟関係それ自体は基本的には近代的な社会に適合する社会関係ではなく，現代の教育のおもての関係として位置づけられるようなものではない。上下の情誼の関係も，行き過ぎたり取り違えたりするとハラスメントになる危険も大きい。

　しかしだからといって，師弟関係から縦関係を取り去り，その機能をフラットな関係のなかでの感情的サポートやサービスに置き換え，ソフトな感情管理のなかで成果につなげていこうとすることも，師弟関係の力とは異質である。深層としての師弟関係の力が示唆しているのは，「近代教育」においても「ポスト近代教育」においても，教育の表層だけに集約して教育の目的と機能を見出そうとすることの問題である。

　教育社会学者のW.ウォーラー（1957）は，古典的名著といわれる『学校集団―その構造と指導の生態―』のなかで，次のように述べている。

　「われわれは現在学校によくみられる制度的指導に賛意を表するものではない。現在の学校に行われている巾の狭い型にはまった交渉と，進歩的な人々が提唱する巾の広い自由な交流とを比べれば，われわれはもちろん後者をえらぶものである。しかし，従来は教育の理論にしろ実践にしろあまりにもなにをなすべきかに注目しすぎ，これに反比例して現実を無視する傾向があったように思われる。理論が現実の行為に基礎を置かなければその間に大きなギャップが生じ，その結果進歩的な理論も，旧態依然たる現状になんらの力を加えることはできないだろう」[9]

9）W.ウォーラー，石山脩平・橋爪貞雄訳『学校集団―その構造と指導の生態―』明治図書出版，1957年，245頁

この指摘から半世紀を過ぎ，ウォーラーが念頭においていた近代教育が大きく揺らぎつつある現在，あらためてこのことばが意味をもっているように思われるのである。

研究課題

・自分の経験から，人気のある先生，好きだった先生というのはどういう人だったか振り返ってみよう。そこには人格化された知や模倣の対象といった師弟関係的な要素がみられるだろうか。それとも授業や話のわかりやすさやフラットな関係性が好まれるのだろうか。考えてみよう。
・近代教育を批判する言説には，どのようなものがあるだろうか。「受験戦争」「ゆとり教育」「生きる力」といったキーワードを参考に，新聞・雑誌記事や教育に関する書籍などから調べてみよう。

参考・引用文献

Z. バウマン，森田典正訳『リキッド・モダニティ　液状化する社会』（大月書店，2001年）
T. フリードマン，伏見威蕃訳『フラット化する世界　上，中，下』（日本経済新聞出版社，2010年）
A. ハーグリーブス，木村優,篠原岳司,秋田喜代美監訳『知識社会の学校と教師』（金子書房，2015年）
西谷啓治「西田幾多郎先生を語る」社会思想研究会『わが師を語る』（社会思想研究会出版部，1951年）
西田幾多郎・三木清『師弟問答　西田哲学』（書肆心水，2007年）
大塚英志『大学論』（講談社現代新書，2010年）
『世界青年意識調査』（内閣府1999年，2004年，2009年）
田辺元・唐木順三『田辺元・唐木順三　往復書簡』（筑摩書房，2004年）
W.ウォーラー，石山脩平・橋爪貞雄訳『学校集団―その構造と指導の生態―』（明治図書出版，1957年）

12 〈私淑〉の文化

　「先生」というと，学校や塾，稽古事など，直接に指導を受けた人のことを思い浮かべることが多いだろう。しかしそれ以外にも，たとえば本やテレビ，インターネットなどを通して間接的に接した人物に大きな影響を受けたり，自身の人生モデルにしている人のことを「先生」と呼ぶこともしばしばある。
　本章では，こうしたインフォーマルで間接的な師事のスタイルである「私淑」に焦点をあて，古典的な「私淑」から現代のメディア社会における「シシュク」まで，さまざまなタイプの「私淑」についてみていくことによって，現代社会における「学び」の文化について，新しい角度から考える。
【キーワード】私淑，シシュク，メディアクラシー

1.「私淑」とは

（1）学校の先生と人生の師

　学校や塾，稽古事，自動車学校など，私たちはフォーマル，インフォーマルにかかわらずさまざまなところで「先生」に出会う。そのなかには，知識や技術，技能を教えてもらうというだけでなく，生きかたのスタイルや雰囲気などに魅力を感じて自分自身のモデルにするような「先生」＝「人生の師」もいるだろう。
　このような深い影響力をもつ人物は，必ずしも直接的な指導を受けた「先生」であるとは限らない。たとえば，ある著書を読んで感銘を受け，その著者の書いたものをすべて読み込んでいくことによって，著書だけでなくその人物自身の考えかたや生きかたに影響を受けることもある。また，テレビやインターネットを通して間接的に出会った人物に強い魅力を感じて，その生きかたや考えかたを自分自身のモデルにすることも

あるだろう。直接に指導を受けてはいなくても、そういう人をひそかに「先生」と呼んだりする。いわば、「こころの師」という存在である。

このように、制度的な関係のなかで直接教わるのとは別に、個人的に尊敬している人物に対して間接的あるいは一方向的に師事するようなスタイルが「私淑」である。

（2）さまざまな私淑

一般的に考えると、直接の指導関係にある「先生」のほうが、著書やテレビを通して間接的に接触する「先生」よりも影響力があると思うだろう。しかし近年では、学校のようなフォーマルな教育の場での教師と生徒・学生の関係は、特定の教育目的にそった機能的な役割関係ではあっても、生きかたのモデルとなるような全面的な師弟関係になることは必ずしも多くない。むしろ、授業や行事の場でのフォーマルな関係を超えた教師と学生・生徒の間のパーソナルで密接なつながりは希薄になりつつあるし、試験や事務手続きの書類の上だけの関係ということも少なくない。

一方、メディア等を通したインフォーマルで間接的な「私淑」は、むしろさまざまな形をとって現れ、新しいタイプの師弟関係を形成しつつある。本章では、制度的な関係としての教師と学生・生徒の関係とは異なるもうひとつの指導関係としての「私淑」の文化に焦点をあてて、その現代的な意味について考えたい。

2. 古典的な私淑

師弟関係の代替

「私淑」ということばは、もともと孟子が孔子の教えを学ぶにあたって、「実際に弟子になって教えを受けることはできないが、私かにその道について聞き知り、それを淑く学んだ」という意味で使ったのが基になっているといわれる。その意味では古くから存在している師事のスタイルだが、現在では直接の師弟関係になくても、間接的にその思想や生きか

たに接して感銘し影響を受けるような場合に広く使われることが多い。

「私淑」の古典的なタイプは，師が故人になっていたり遠いところに住んでいたりして，直接に師事できない場合，その代わりに著書や新聞・雑誌の記事，講演などを通して間接的に師事するというものである。本来であれば直接師事したいができない場合の代替的な師弟関係といってもいいだろう。

そうした「私淑」のひとつの例として，ここでは作家・評論家の小島政二郎と永井荷風の関係を取り上げてみよう。小島政二郎は，『眼中の人』，『一枚看板』，『鷗外荷風万太郎』などの作品でも知られる作家・評論家である。母校である慶應義塾大学の講師を務める傍ら，『三田文学』の編集や「赤い鳥」の編纂にも携わり，大正文学の一端を担った。菊池寛や芥川龍之介とも親交があったが，なかでも永井荷風は中学時代からの憧れの人であり，直接教えを受けるために慶應義塾大学に入ったのだが，不運にもその機会をもつことができなかった。

東京生まれの小島は，旧制中学時代に当時，慶應から発行されていた『三田文学』が主催する講演会があると三田の山の上まで聞きに行っていたから，荷風の顔はその頃から見知っていたという。その憧れの荷風に直接教えてもらえることを夢見て慶應大学に入学したものの，本科の二年になるまでは講義に出ることができない。遠目に荷風の姿をみるだけなのだが，それでも近い内に教えてもらえるのだと思うと嬉しさもひとしおで，「週に二度ずつしずかに山を登って来る先生の姿を，私はどんなにあこがれのヒトミをこらして見迎え見送ったことだろう」というほどであった。さらにそれだけでは足りず，授業が終わってから荷風が久保田万太郎ら上級生たちと一緒に連れ立って木村屋という洋食屋の二階に立ち寄るのについて入り，近くの席にすわってそのやりとりを盗み聞きするのを楽しみにしていたというのだから，相当な思い入れだったことがわかるだろう。

ところが，実際に指導を受けられるようになる直前に，荷風は慶應をやめてしまう。そのとき小島は，「荷風にいなくなられた私は，一生の希望を失ったような気がし」[1]て，勉強する気もなくなったという。結局，

憧れの荷風に直接，師事する機会はもてなかったのである。それでも，荷風への憧れが消えたわけではなく，作品は大小あわせてすべてフォローするという「私淑」は続いていたのである。ところが，真摯な論評のつもりで書いた一文が荷風を激怒させ，「九つの真心は彼の胸に届かず，僅か一つの直言によって終生の恨みを招いた」[2)]という。直接の接触がないまま，「師」に「破門」されたようなものである。

その思いを，小島は『小説　永井荷風』の冒頭で次のように語っている。

「恋に『片恋』があるように，人と人との間にも，それに似た悲しい思い出があるものだ。私と永井荷風との関係の如きも，そう言えるだろう。もし荷風という作家が丁度あの時私の目の前にあらわれなかったら，私は小説家にはならなかったろうと思う。それほど―私の一生を左右したほど―大きな存在だった荷風に対して，私はついにわが崇拝の思いを遂げる機会にさえ恵まれなかった」[3)]。

小島の場合，荷風への「私淑」は直接に指導を受けることができないための代替的な方法だった。しかしその影響力は，直接の師弟関係と同じくらい，あるいはそれ以上といえるものだったことは，この文章からもうかがえるだろう。小島の思い出からは，直接教わることができなかったもどかしさとせつなさが感じられるが，別の面からみれば師弟関係に伴いがちな対立や葛藤を経験することもなかったともいえる。荷風のエゴイストぶりや金銭のルーズさなどに実際に付き合っていたら，憧れや尊敬も変質したかもしれない。その意味では，「私淑」に終わったことが幸運だった面もあるだろう。

「私淑」の古典的なタイプは，このように直接の師弟関係を望みながらさまざまな理由でそれが実現できないときの代替的な師事スタイルとして選択されるものである。「私淑」には，直接の師弟関係がもたらす

---

1) 小島政二郎『小説　永井荷風』鳥影社，2007年，370頁
2) 同書，3頁
3) 同書，3頁

感情の結びつきや深い理解にはいたらないもどかしさがある一方で，いわゆる師弟の葛藤や対立があらかじめ回避されているという面も存在するのである。

3. 積極的選択としての「私淑」

(1) 読書を通した「私淑」

　古典的な「私淑」は，直接の師事が叶えられないときの代替的な師事スタイルである。しかし「私淑」には，このような師弟関係の代替としてではなく，より積極的に選択される場合もある。この新しい「私淑」のスタイルを生みだす土壌になったのは，大正期以降，大学や旧制高校を中心に広がっていった教養主義的な読書と，それにともなう出版メディアの広がりである。

　ここでは，そうした読書による積極的な選択としての「私淑」の例として，大正期に学生の必読書といわれた阿部次郎の『三太郎の日記』を取り上げてみよう。

　『三太郎の日記』は，夏目漱石の『こころ』と同じ大正3（1914）年に出版され，その後大正7（1915）年に合本として岩波書店から出て以来，教養主義の中心となった著作のひとつである。著者の阿部次郎は，この本の冒頭で「三太郎の日記は三太郎の日記であつてその儘に阿部次郎の日記ではない」[4]と述べているが，実質的には阿部が30歳前後の10年間くらいの間の内面を綴った「内省記録」[5]である。

　このなかでは，書物を通して著者の内的過程をたどり直し，その人のものの見かたや考えかたを体得していくような読書のしかた，いわば読書による人格形成が随所で説かれている。教養主義的な読書の勧めである。読書を通してその著者に師事するという意味では，「私淑」のひとつのスタイルということができるだろう。

---

[4]『阿部次郎全集第一巻　合本　三太郎の日記』角川書店，1960年，9頁
[5] 井上政次「解説」同書，566頁

しかし阿部は，読書を重視するからといって師弟関係それ自体を否定しているわけではない。まず師弟関係そのものについては次のように述べている。
　「師弟の関係をもつて奴隷と暴君との関係と見る者は浅薄である。師弟とは興へられるだけを興へ，受けられるだけを受けむとする，二個の独立せる，しかも相互に深く信頼せる霊魂の関係である。弟子をその個性の儘に一人の『人』とするところに師の師たる所以があり，その稟性に従つて一個の独立せる人格となるところに弟子の最も多くその師に負ふ所以がある」6)
　このように，理想的な師弟関係をもつことは，人格形成にとって欠かせないものとして，まずは肯定的にとらえられているのである。しかし現実には，そうした師弟関係は希薄になりつつあるという。「我らの時代はあまりにも師弟の関係の薄い時代である。我らの間には，十分の責任を帯びて他人の霊魂の教育を引き受ける心持も，尊信と親愛とを傾けて，自己の霊魂の訓練を長上に託する心持も──これらの崇高な，深入りした心と心との交渉が余りに少ない」7)と述べている。
　それに代わり得るものとして，阿部は書物を挙げる。「我らの師を求むる心が，おのづから身辺の人を離れて古人に向ひ，直接の関係を離れて書籍に向はむとするはまことにやむを得ないのである。ゆゑに極めて幸福なる少数の人を除けば，我らが『師』を持つとは一人の人の生涯の著作を通じて，その人の内面的経験に参することである」8)というように，読書を間接的な師弟関係として位置づけているのである。
　読書による人格形成という教養主義的な読書は，師弟関係を代替する「私淑」の勧めとしてもとらえることができるだろう。そこでは，あくまでも読書による「私淑」は現実の師弟関係を補完し代替するものとして意味づけられている。

---

6) 同書，466頁
7) 同書，465頁
8) 同書，466頁

ところがその一方で，現実の師弟関係よりも読書による「私淑」のほうが利点があることもたびたび強調している。たとえば，トルストイとニイチェの両方とも「師」としたいと思ったとき，たとえ両者が仲が悪かったとしても，読書を通してであれば「ニイチェがトルストイを悪く云つたり，トルストイがニイチェを悪く云つたりすることは，俺がニイチェとトルストイの両方の弟子であることを妨げない」[9]という。現実の師弟関係であればどちらか一方にしか師事することができないところを，著作を通した「私淑」であれば両方に師事することも可能だというわけである。「すべての優れたる人は自分の師である。いかに多くの人の影響を受けても，総合の核が自分である限り，自分の思想はつひに自分自身の思想である」[10]というように，「師」を理解し学びつつも，一定の距離を保ってその内容を吟味・統合する位置に自分を置いているのである。

　たしかにこのような関係であれば，現実の師弟関係に付随する葛藤やジレンマを事前に回避しつつ，自らが思い描く理想的な師弟関係を維持することができる。また，複数の師から同時に学ぶこともできるし，逆に学ぶものがなければやめるのも簡単である。読書を通した「私淑」であれば，師から「破門」されることがない代わりに，自分から師のもとを去る「破師」はいつでも可能である。

　三太郎は，旧制高校時代に内村鑑三の文章を愛読し，できるなら親炙（しんしゃ）したいと思っていたが，結局は「私淑」にとどまったというエピソードも述べている。その気になれば，私宅を訪問したり内村が主催する聖書講義に参加することもできたのだが，自分の個性が自立して先生にそむかなければならなくなったときに，「先生の感ぜられるべきさびしさと，私の感ずべき呵責」[11]を考えて，弟子になるのをためらったというのである。現実の師弟関係にともなう葛藤や別離の寂しさを経験することの

9）同書，318頁
10）同書，318頁
11）同書，123頁

ない「私淑」のほうにより魅力を感じていたことは，このエピソードからもうかがうことができるだろう。

　三太郎の勧める教養主義的な読書スタイルは，社会的基盤をもたない内面的自由と「自己優越感」への耽溺として批判されることも少なくない[12]。しかしそれとは別に，師弟関係という視点からみると，直接的な師弟関係の代替的方法といいながらも，むしろ著作を通した間接的な師弟関係（「私淑」的読書）の利点を強調していることは興味深い。読書を通した間接的な「私淑」であれば，現実の師弟関係には伴いがちな行き違いや葛藤，別離の寂しさを回避して理想的な関係を維持できることが，くりかえし指摘されているのである。そこには，小島政二郎のように荷風に直接教わりたいという切実な思いは存在しない。むしろ，直接教わるよりも「私淑」を選択することの自由さや快適さのほうがクローズアップされているのである。直接の師弟関係の代替としての消極的な「私淑」ではなく，積極的に選択するという新しい「私淑」のスタイルの可能性が呈示されているということができるだろう。

（2）「私淑」の広がり

　このような積極的な選択としての「私淑」が広がっていく上で，出版メディアが果たした役割は重要である。新聞や雑誌，学術書などの出版メディアが大量に流通するのにともなって，そこに登場する著名な知識人や文化人に憧れて，間接的に師事する「私淑」のスタイルが広がっていったのである。

　なかでも，出版メディアを通した「私淑」が広がっていく重要な土壌になったのは，学術・教養書や総合雑誌を軸とする教養主義文化であった。その中心を担ったのが岩波書店である。岩波書店は，夏目漱石の『こころ』の出版を手掛けたことからはじまって，帝大教授を執筆陣にした哲学・思想書を続々と刊行し，それらがベストセラーになっていった。とくに1927（昭和2）年に創刊された岩波文庫が与えた影響力の大きさ

12）唐木順三『現代史への試み』燈影社，2001年

については改めていうまでもないだろう。文庫が出現したことで，外国の文学・思想の古典の翻訳から日本の哲学・思想，文学，歴史，社会科学の各領域にわたる教養書が安価に手に入り，誰でも手軽に読むことができるようになる。このような出版メディアの広がりのなかで，読書を通した「私淑」の文化が拡大していくのである。

　当時，旧制高校や大学生の間で人気があったのは西田幾多郎や河合栄治郎，倉田百三らの著書などであった。たとえば「私の履歴書」（日本経済新聞社連載）では，奥村綱雄，谷川徹三，鈴木剛，西澤潤一，河合良成，武見太郎など，各界の著名人10人が西田幾多郎を恩師あるいは「人生の師」として挙げているが，その多くは著書を通した「私淑」である。

　こうした「私淑」の広がりは旧制高校や大学生だけに限定されていたわけではない。岩波文庫や総合雑誌を通して，直接には師事できない地方の学校教師や公務員，女学生といった人たちにも「私淑」はひろがっていった。たとえば，大正11年の職業婦人900人を対象にした読書調査では，『出家とその弟子』（倉田百三），『死線を越えて』（賀川豊彦），『愛と認識の出発』（倉田百三），『彼岸過迄』（夏目漱石），『ジャン・クリストフ』（ロマン・ロラン）などが挙げられているが，そのなかには，こうした著作によって生きかたに大きな影響を受けたという人も少なくない。

　また，地方の中学校や高等女学校などの教師も，岩波文庫や総合雑誌を購読する読者層だったが，彼らもまた読書を通した間接的な「私淑」の実践者であった。それだけでなく，彼らは生徒たちに「私淑」的な読書を広げていく媒介者にもなった。

　このように，教養主義的な読書の広がりとともに，読書による「私淑」も拡大していったが，こうした「私淑」層の多くは，小島政二郎のように必ずしも直接に教えを受けたいと思っていたわけではない。むしろ，古今東西の著名な学者や芸術家，思想家を「準拠的個人（referent person）」にすることで，直接には師事できないような人物に接近した感覚をもつことができたり，自分の人生をそれになぞらえてみることによって，理想的な自己イメージを保持することもできる。直接に師事す

る師弟関係においては，師に認められず消沈したり，それが葛藤や確執につながっていくこともある。しかし，一方向的な「私淑」であれば，「師」の理想的イメージもそれに師事する自分自身のイメージも壊れることはない。その意味では，より自由で居心地のいい師事スタイルだということもできる。このような背景のなかで，直接の師弟関係の代替から，積極的な選択としての「私淑」が広がっていくことになるのである。

4.「シシュク」の広がりとアカデミズムの変容

(1)「私淑」から「シシュク」へ

　このような間接的な「私淑」は，近年，出版メディアだけでなくインターネットなどを含む多様なメディアを通してますます広がりつつある。それにともなって，これまでのように講演を聞いたり著作を読んだりしてひそかに敬愛し師事する「私淑」のスタイルから，メディアから得られるさまざまな情報をもとに選択した師に，ブログやツイッター，フェイスブックなどを通してオープンに「私淑」するような新しいスタイルも出現している。そこから同じ師に「私淑」する弟子同士の間に，「私淑共同体」のような交流の場が形成されることもある。場合によっては，直接的な関係にはないこうした師と弟子がインターネット上で交流するバーチャルな師弟関係の場がつくられることもある。

　これまでのような個人的で閉じられた「私淑」とは異なるこうした新しいタイプの「私淑」を，ここでは「シシュク」と呼んでおこう。「シシュク」の出現は，直接の師弟関係を代替する古典的な「私淑」とも，また出版メディアを結びついた読書を通した「私淑」とも異なる，新しいスタイルの文化を形成しつつある。

　まず，「シシュク」の場合，師として選択されるのは，テレビやインターネットなどのメディアに登場する頻度が高く，伝統的なアカデミズムの世界とは距離をとったスタイルをもつ人物であることが多い。特に，1980年代あたりから影響力をもつようになったいわゆる「現代思想」や「ニューアカデミズム」は，このような「シシュク」層を拡大していくきっ

かけにもなった。

　また，伝統的なアカデミズムとは一線を画する知的先端を担う人物を「師」とする「シシュク」では，「シシュク」する本人自身も「師」と並んだような感覚をもちやすい。古典的な「私淑」であれ，出版メディアによる「私淑」であれ，制度化された学問体系（アカデミズム）の権威を前提とする限り，まずはその世界に入っていくための修業が必要である。「師」に近づいていくためには，長期の下積み的な学習を経なければならないのである。それに比べると，新しさや面白さ，論点の明快さといったジャーナリズムと適合的な知を前面化する「シシュク」では，そうした修業を経ることなく知的最先端を楽しむことができる。

　読書を通した「私淑」においても，「師」を複数もったり，新しい「師」をみつけたりすることができるという便利さはあったが，「シシュク」においてはそれがいっそう進む可能性が高い。話題性と有名性をもった「旬」の「師」に乗り換えていくことによって，自身も常に知的先端に居続ける感覚をもつことができるのである。このように，最小限の時間と労力で知的な浮上感を味わえることが，メディアを介した「シシュク」の魅力のひとつでもあるだろう。

　さらに，「シシュク」の場合，個人的で一方向的な「私淑」とはちがって，ブログなどを通してメディア上に公開するオープンなスタイルをとることも少なくない。「シシュク」する「師」やその活動について自分の感想や批評を書き込んでいくことは，「師」と並ぶ感覚が得られると同時に，本来はひそかな師事スタイルであった「私淑」を公に確認することにもなる。その意味では，「シシュク」＝「公淑」ということもできるだろう。

　さらに，このような「シシュク」＝「公淑」をベースとして，共通の「師」をもつ「弟子」同士の間に「シシュク共同体」のような議論の場が形成されたり，さらにそこに「師」自身が参加してコメントやディスカッションが行われることもありうる。バーチャルな「師弟共同体」である。

　このような「師弟共同体」には，弟子になるための条件や制約のよう

なものはなく，誰にでも開かれている。オープンな場のなかで，「師」や他の「弟子」たちとの間に相互のコミュニケーションが展開することになる。場合によっては，そのなかから新しいスターが生れることもあるだろう。

このようにみてくると，メディア上を舞台とした「シシュク」は，その参加者のなかに有名性への欲望を掻き立てる側面ももっている。そもそも「私淑」は，「師」への個人的でひそかな思い入れに支えられた師事のスタイルであったが，メディアを通した「シシュク共同体」や「師弟共同体」は，自己満足を超えて有名性への欲望を喚起する現実的な回路をつくっていく。メディア上の「シシュク」が，現実の指導関係にとってかわる可能性もでてくるのである。「シシュク」の文化の広がりは，間接的な師事のスタイルを迂回しながら，新しい形の「師弟関係」と知的共同体の形成へとつながりつつあるのかもしれない。

(2)「シシュク」文化とメディアクラシー

このように，「シシュク」の文化の広がりは，フォーマルな指導関係が機能的な関係に限定された「ツール」的な関係になりつつあるのに対して，新しい形の「師弟関係」の生成とみることもできるだろう。

ストックとしての知識や教養を核とする伝統的な学問の世界では，制度化された学問の長期にわたる伝授の過程でいわゆる師弟関係がつくられる場合も多かった。そこには，師弟間のフォーマル・インフォーマルにわたる密接な関係が形成されると同時に，確執や葛藤が生まれることも少なくない。しかし，高等教育の大衆化がすすみ，流動的で融合的な知の消費が流行するのにともなって，アカデミズムの正統性や権威は急速に弱まりつつある。それと同時に，学問の権威を土台にした師弟関係も空洞化し，形式的な関係や必要な部分に限定された合理的な関係へと変容しつつある。

その一方で，メディアが主導する知的ジャーナリズムの権威はますます高くなっている。権威のヒエラルキーは，アカデミズムの内部における評価基準によってではなく，メディア上での評判や認知度の高さに

よって決まっていく。そこでは，体系性や正統性よりも面白さや斬新さ，わかりやすさといった側面が強調される。

　このような知的権威をめぐるアカデミズムとメディアの位置の逆転のなかでは，メディア上での発言力や影響力をもった人物への「シシュク」が，制度的な場での教師との希薄化した関係よりも上位に位置づけられるようになっても不思議ではない。フォーマルに所属しているところでの教師との関係は形式化し，憧れや尊敬をともなった師事は「シシュク」のほうに移っていくのである。その意味では，直接の師弟関係が，現実の教師と学生の関係から消失していく代わりに，間接的でバーチャルな「シシュク」のほうに引き継がれつつあるといってもいいだろう。

　メディアを介した「シシュク」は，現実の師弟関係がもつ感情のもつれや煩わしさを経験することなく，感情的な交流や飛翔感を味わうことができる。それは師弟関係のロマン化であると同時に，いいところだけを選択的に摂取する合理的・効率的なスタイルという意味ではツール化でもある。その意味では，「シシュク」は「師弟関係」のロマン化とツール化の両方をもった新しい師事の文化だということができるだろう。

　このような変化にともなって，アカデミズムとジャーナリズムの関係も大きく変容する。あらゆる専門領域においてメディアとジャーナリズムが優勢になっていくことによって，知的権威をめぐるアカデミズムとジャーナリズムの関係が逆転していくのである。権威のヒエラルキーは，アカデミズムの内部におけるメリトクラティック（業績主義的）な評価基準によってではなく，メディア上での評判や認知度の高さによって決まっていく。いわばアカデミズムにおけるメディアクラシー[13]と呼べるような状況が顕在化しつつある。

　このような状況を，Z. バウマンはレジス・ドブレに拠りながら，次のような比喩で表現している。

---

13) テレビや新聞，インターネットなどのメディアの影響力が巨大化し，大衆を動かす支配力をもった体制になっていることを意味することば。

知的権威は，かつては師の話を聞きにあちこちから集まってくる信奉者たちの群れの大きさによってのみ判定された。その後はまた，より拡大する規模において，販売部数や作品が受けた書評での賞賛によって判定されるようになった。しかし，この二つの判定法は，完全に廃れたわけではないが，いまではテレビの放送時間や新聞でのスペースに比べると卑小なものに見える。知的権威に関していえば，デカルトのコギトの妥当な改訂版は，今日では次のようになるだろう。「我話題になる，ゆえに我あり」と[14]。

「シシュク」の広がりは，教育文化のさまざまな側面における変容を映し出すものである。たとえば，努力よりも情報とチャンス，ストックの知よりもフローの知，アカデミズムよりもジャーナリズムへの重心の転換などである。このような教育文化の変容のなかで，大学と学問の世界がどのように変化していくのかを明らかにしていくことは重要な課題である。

研究課題

・読書を通した「私淑」について，直接的な師弟関係と比較しながら，その利点や問題点を考えてみよう。
・「シシュク」について具体的な例を調べ，その可能性や課題について考えてみよう。

---

14) Z. バウマン，澤井敦，菅野博史，鈴木智之訳『個人化社会』青弓社，2008年，183頁

参考・引用文献

阿部次郎『阿部次郎全集　第一巻　合本　三太郎の日記』（角川書店，1960年）
Z.バウマン，澤井敦，菅野博史，鈴木智之訳『個人化社会』（青弓社，2008年）
稲垣恭子「『私淑』とメディアクラシー」北澤毅編『〈教育〉を社会学する』（学文社，2011年）
唐木順三『現代史への試み』（燈影社，2001年）
小島政二郎『小説　永井荷風』（鳥影社，2007年）
夏目漱石『こころ』（岩波文庫，2010年）
森鷗外「妄想」坪内祐三，川本三郎編『明治の文学第14巻　森鷗外』（筑摩書房，2000年）
佐藤卓己『物語　岩波書店百年史　②「教育」の時代』（岩波書店，2013年）
竹内洋『学歴貴族の栄光と挫折』（講談社学術文庫，2011年）

13 メディアと教養文化

　日本における教養文化の特質を考える上で、メディアの役割は重要である。本章では、「総合雑誌」から「ネット論壇」にわたる教養メディアを軸に、戦後日本におけるメディアと教養の関係とその変容について考える。
【キーワード】教養メディア、中間文化界、総合雑誌、お茶の間論壇、ネット論壇

1. 教養文化と教養メディア

(1) 中間文化ジャーナリズム

　日本における教養文化の特質とその変容を考える上で、メディアの役割は重要である。戦前期において、旧制高校や大学を中心として広がっていった教養主義的な文化を支えたのは、岩波書店をはじめとする文化ジャーナリズムである。文化ジャーナリズムというのは、学会誌などのようにアカデミズムのなかだけで流通するのではないが、一般的な週刊誌やスポーツ新聞のような商業的な人気を志向する「大衆向け」ジャーナリズムとの間にあって、知的大衆をターゲットとする教養メディアである。いわゆる総合雑誌や文芸雑誌などがその中心である。
　これらが広がっていくのは、戦後も高等教育が拡大しはじめる1950年代以降である。加藤秀俊 (1980) は、戦後文化の展開を3段階に分けた上で、その第3期にあたる1955年以降を「中間文化」の時代としている[1]。第1期 (1945〜1950年) は、戦後復刊された『中央公論』や『改造』、

---

1) 加藤秀俊「中間文化論」『加藤秀俊著作集6』中央公論社、1980年

新たに創刊された『世界』『展望』『世界評論』といった高級総合雑誌ジャーナリズムを中心とした時期，それに続く第2期は『平凡』『明星』を代表とする大衆ジャーナリズムが登場した時期である。第3期の中間文化は，新書ブームや週刊誌などが台頭する時期で，第1期の高級ジャーナリズムと第2期の大衆ジャーナリズムの中間に位置するような文化である。

　加藤は，この中間文化の広がりによって，高級文化と大衆文化の境界が明確な「ひょうたん型文化」から，それらの文化的落差が小さくなりまんなかが膨れた「ちょうちん型文化」に変わったと述べている。その背景には，高等教育の大衆化による中間文化ジャーナリズムの拡大が存在している。

（2）「中間文化界」と大衆インテリの広がり

　竹内洋は，このような文化ジャーナリズムの位置づけを，ブルデューの「限定（生産）文化界」と「大量（マス）文化界」という類型をもとにして，「限定文化界」「マス文化界」「中間文化界」の3つの「文化界」に分類している[2]。

　「限定文化界」というのは，文化生産者（執筆者）と消費者（読者）がほぼ同じであるような文化界，いわゆるアカデミズムの世界である。学会誌のように限られたメンバーの間で流通するメディアが中心である。そこでは，書き手と読者の関心はもともと重なっており，それ以外の読者にアピールすることを考える必要がない。だから，象徴資本（象徴的価値）は重視されるが，経済的利益（商業的価値）に制約されることは少ない。その意味では「文化界」としての自律性は高い。

　それに対して，「マス文化界」と「中間文化界」は，生産者（執筆者）と消費者（読者）が必ずしも一致していないような文化界，すなわちジャーナリズムの世界である。「限定文化界」と対極にある「マス文化界」

2）竹内洋「序論」竹内洋，佐藤卓己，稲垣恭子編『日本の論壇雑誌』創元社，2014年，5頁

は，おもに初等・中等教育の普及によって成立した大衆を顧客（読者）とし，大衆雑誌をおもなメディアとする。象徴資本よりも経済資本つまり商業的価値が優先されるため，文化界としての自律性は弱い。

「中間文化界」は，「限定文化界」と「マス文化界」の中間に位置する。学会誌ではないが大衆雑誌でもない総合雑誌や文芸雑誌のような「高級」雑誌がそのメディアである。そのおもな顧客（読者）は，高等教育の普及によって形成される「知的中間層＝大衆インテリ」である。そこでは，アカデミズムの世界とはちがって，「いまとここ」でトピックになっているテーマをとりあげて論じ合う（論壇）ことで，大衆インテリとの交流の場がつくりだされる。象徴的価値と商業的価値の両方のバランスをとる「文化界」という意味でも，中間的な位置を占める。

竹内によれば，このような「中間文化界」は，大正期の半ばには成立していたが，本格的に展開していくのは，高等教育がマス化していく戦後であるという。この「中間文化界」の担い手が，戦後の大衆インテリすなわち教養層であったということができるだろう。

本章では，「中間文化界」の中心的なメディアである総合雑誌やその周辺の雑誌メディアを手がかりに，戦後日本における教養文化の変容について考えていくことにしたい。

2．「中間文化界」の広がりと衰退

（1）総合雑誌の時代

日本における代表的な総合雑誌といえば，『中央公論』，『文藝春秋』，『世界』がまず挙げられるだろう。『中央公論』は1899（明治32）年に創刊され，現在まで続いている老舗総合雑誌である。『文藝春秋』も1923（大正12）年の創刊で，安定した発行部数を誇る息の長い雑誌である。『世界』は，戦後誕生した数多くの「綜合雑誌」のなかで，唯一長く続いた雑誌である。いずれも，戦後の高等教育のマス化とともに膨らんでいった「中間文化界」の中心的なメディアとして，教養文化の中心を担った。

創刊から現在までの『中央公論』の変遷をライバル誌との関係を軸に

分析した竹内によれば，時代思潮を敏感にキャッチした論壇の新しい潮流をつくりだすことでブームを呼んだという[3]。大正期の第一次ブームでは，吉野作造の民本主義を柱にすることで，12万部という発行部数を誇るまでになった。1963年末頃からの第2のブームは，それまでの執筆者とは異なる「現実主義路線」に転換したことによるものだった。それと対応して，「ビジネス・インテリ」というカテゴリーを創出したことも，インテリ概念に風穴をあけるインパクトをもったという。「ビジネス・インテリ」は，すでに労働者層も含むことばになりつつあった「サラリーマン」に対しての差異化という意味と，「思想インテリ」に対する「実務インテリ」を対置するという戦略にもなったというのである。

一方，敗戦を機に誕生した『世界』は，発行元である岩波書店が「日本唯一のクオリティマガジン」と呼んでいるように，より「知識人」としての立ち位置を意識した総合雑誌である。佐藤卓己によれば，『世界』は初期においては「大正教養主義的綜合雑誌」としてスタートしたが，その後，「戦後民主主義的綜合雑誌」へと舵を切っていったと分析している[4]。平和と護憲運動に理論的枠組みを提供したという意味でも，「中間文化界」における「論壇」の担い手として重要な位置を占めたのである。

その方向は異なっているものの，これらの総合雑誌は「限定文化界」と「大衆文化界」を媒介する「中間文化界」の中心的なメディアとして地位と威信をもっていたのである。

しかし，大衆化されたインテリ読者層を支えたこれらの総合雑誌は，1970年代あたりから勢いを失っていくことになる。1960年代には発行部数15万部以上といわれた『中央公論』も，1970年代には10万部を切り，1990年代には6万部台になっている。メディアの中心が「中間文化界」から「マス文化界」に移行するのにともなって，「インテリ」，「知識人」，「高級」ジャーナリズムといったことばも輝きを失っていくのである。

---

3) 竹内洋「『中央公論』―誌運の法則」竹内，佐藤，稲垣編，前掲書
4) 佐藤卓己「『世界』―戦後平和主義のメートル原器」竹内，佐藤，稲垣編，前掲書

(2)「お座敷論壇」と「お茶の間論壇」

　ところで，大衆化されたインテリ読者層の広がりを支えたのは，このような中心的な総合雑誌だけではない。「中間文化界」の周辺に位置する雑誌や週刊誌が果たした役割も小さくない。そのひとつが『婦人公論』である。

　『婦人公論』は，1916（大正5）年に創刊され，現在まで続いている代表的な女性向け教養雑誌である。戦後も女性誌のなかでいち早く復刊し，1946年には復刊第一号が出されている。執筆陣には清水幾太郎をはじめとする当時の代表的な知識人が多く登場し，戦後啓蒙の重要なメディアでもあった。後には嶋中鵬二，三枝佐枝子といった名編集長を得て，新しい時代のニーズに合わせた内容で読者層を拡大し，総合雑誌とも実用的な婦人雑誌ともことなる独自のポジションをつくっていった[5]。

　戦後の論壇メディアにおける『婦人公論』の位置は，総合雑誌の論壇と対比して考えるとわかりやすい。表1は，論壇の特徴によって「第一論壇」と「第二論壇」に分けて，それぞれの特徴を図式化したものである。

表1　「お座敷論壇」と「お茶の間論壇」

特徴	第一論壇 （お座敷論壇）	第二論壇	
		（準お座敷論壇）	（お茶の間論壇）
メディア	総合雑誌（『中央公論』『世界』『文藝春秋』） 学術雑誌	『婦人公論』 第一期	『婦人公論』 第二期〜第三期
論者	専門家 （学者・評論家）	専門家 （学者・評論家）	専門外・新人 （学者・評論家・芸能人）
テーマ	政治・経済・文化・社会問題	女性問題を中心に政治・経済・文化	女性・家族・性を中心とした現実の生活問題
論述スタイル	学術的 専門用語	学術的／一般的 日常用語	一般的 日常用語
議論の特徴及び重点	論理的 正しさ	啓蒙的 正しさ	生活現実的 面白さ

（竹内洋・佐藤卓己・稲垣恭子編『日本の論壇雑誌』創元社，2014年，117頁より転載）

「第一論壇」は，総合雑誌を中心として，学者・評論家が自らの専門領域や立場を軸に，持論を展開するスタイルで構成される論壇である。政治・経済・文化・社会問題についてのいわば「おもて」の議論が展開される場であり，その意味では「お座敷論壇」と呼ぶことができるだろう。したがって，論述のスタイルも専門用語を使った学術的なスタイルが中心である。そこで展開される議論は，わかりやすさや面白さよりも，その正当性を論理的に説得していくことに重点がおかれる。このような「お座敷論壇」のフォロワーは，学問的志向の強い読者層が中心となる。『中央公論』や『世界』などの「論壇」雑誌はここに入る。

「第二論壇」は，「第一論壇」をややわかりやすく一般化した「準お座敷論壇」と，より現実的なテーマに焦点をあてる「お茶の間論壇」とに分けることができる。

「準お座敷論壇」は，「第一論壇（お座敷論壇）」と基本的には類似しているが，より啓蒙的でわかりやすいことが特徴である。論者は総合雑誌と重なっている場合が多いが，テーマには女性問題が多く取り上げられ，日常的な言葉を使ってより一般的にわかりやすく論じる傾向が強い。『婦人公論』の復刊再生期である第一期が，この「準お座敷論壇」に対応するということができるだろう。

「第二論壇」のもうひとつのタイプである「お茶の間論壇」は，「お座敷論壇」や「準お座敷論壇」とはテーマも論述スタイルもかなりちがっている。テーマに取り上げられるのは，女性や家族，性など，読者の生活に密着した現実的な問題が多い。論者には，専門家よりも，専門外の立場から論じるタイプが多くなる。たとえば，学者や評論家が専門領域とは別に女性問題について論じたり，有名知識人の妻が主婦の立場から議論するような場合である。女優や落語家など芸能人が加わって女性の生きかたや夫婦論を述べることもある。専門外の立場という意味では新人ということもできるだろう。そこでは，理想論やたてまえ論ではなく，日常生活の現実に即した議論が中心となる。家族や職場の同僚と気楽に

5）稲垣恭子「『婦人公論』―お茶の間論壇の誕生」竹内・佐藤・稲垣編，前掲書，111～131頁

議論し合える場という意味で,「第一論壇」の「お座敷論壇」に対して,「お茶の間論壇」と呼ぶことができるだろう。「お茶の間論壇」では,論理的な整合性や主張の正当性よりも,それが現実的であるかどうか,あるいは感情論を含めた面白さに重点が置かれることになる。『婦人公論』が大きく部数を伸ばしていく第二期は,この「お茶の間論壇」が広がっていった時期である。具体的な内容について,もう少しみておこう。

(3)「準お座敷論壇」の時代

『婦人公論』が復刊から徐々に拡大していく第一期は,戦前期の啓蒙的な姿勢を維持しつつ,戦後社会の新しい理想を掲げてアピールしていった時期である。復刊第一号の誌面は,論説,特集,座談会,文芸欄などを中心に構成され,女性解放,働く婦人問題,平和問題,混血児問題,農村問題など,戦後社会と女性をめぐるさまざまな問題が取り上げられている。

論者には,戦後社会をリードする学者・評論家・作家などが登場するが,その中心になったのは清水幾太郎である。その他にも,谷川徹三,蠟山政道,塩尻公明,木村健康,中川善之助など,総合雑誌の書き手と共通する学者・知識人が多い。また特集では,平林たい子,丸岡秀子など戦前から活躍する女性文化人に加えて,清水慶子,石垣綾子,大浜英子といった戦後派女性文化人の参加も目立つ。それぞれ,「進歩的主婦」や「アメリカ帰り」女性文化人といった立場から,女性問題,家庭問題や社会問題まで論じている。総じて,この時期の『婦人公論』が,「論壇知識人」による啓蒙的な「準お座敷論壇」の傾向をもっていたことがうかがえるだろう。

(4)「お茶の間論壇」の誕生

しかし,出版部数が大幅に増大する第二期になると,執筆者,テーマ,論述スタイルのいずれにおいても,それまでとはかなり違ってくる。執筆者の登場回数でみると,論説,特集ともに女性執筆者の登場回数が目立って多くなる。なかでも,上坂冬子,犬養道子,瀬戸内晴美,角田房

子といった新しい世代の女性評論家や作家が執筆回数の上位を占めている。

こうした「新人」ライターの登場と同時に，学者や知識人が専門分野とは異なる土俵で論争をしかけるというスタイルも斬新だった。歴史学者の会田雄次がマイホーム主義を批判する論文を掲載したり，文化人類学者の梅棹忠夫が「妻無用論」を書いて女性雑誌にデビューし話題になった。国文学者の暉峻康隆も「女子大生亡国論者」として一躍有名になっている。

そうした論説や議論が読者も巻き込んだ大きな論争に発展していったものも少なくない。そこには，「お茶の間論壇」の特徴と魅力が大いに発揮されているのをみることができる。

その代表的な例が「主婦論争」である。石垣綾子の「主婦という第二職業論」（『婦人公論』1955年2月号）という論説が火付け役になって，それが大論争に発展していったのである。石垣綾子といえば，戦前から戦後にわたる25年間の滞米経験を武器に幅広く執筆していたが，アメリカ一辺倒から反米的な空気が生じつつあった時期に，激しい論調でアメリカを批判した記事が，大きな話題になった。その歯に衣をきせない表現で，今度は「主婦」を手厳しく批判したのである。

「主婦の心はふやけている。昔の主婦が背負っていた重荷からときはなたれても，相かわらず，無計画に家庭の雑事に追いまわされて，人生の貴重な時間を，毎日，いい加減にすごしている」（246頁），「男は生涯を通して職場にしばりつけられているが，女は主婦になるという第二の職業が，いつでも頭のなかにあるから，第一の職業である職場から逃げごしになっている」（253頁）といった具合である。

これに対して，清水慶子が「主婦の時代は始まった」と題して「進歩的主婦」のすすめを論じ，続いて坂西志保が「"主婦第二職業論"の盲点」のなかで，石垣を正面から批判した。さらに福田恒存も参戦して，女性解放論者の男性コンプレックスを指摘すると，今度は石垣綾子が「女性解放を阻むもの」という反論を載せるなど，議論は大いに盛り上がっていった。

ちょうどサラリーマンと専業主婦という家族スタイルが定着しはじめた時期に、主婦という存在を論争のテーマにしたことで、読者の間でも大きな反響があった。自分自身の現実に引き寄せたさまざまな意見が、投書や投稿の形で寄せられた。

この『婦人公論』誌上でのバトルを媒介として、読者が参加する現実的で身近な議論の場（お茶の間論壇）が形成されていったのである。

このように、第二期においては、誌上の論争に読者も加わって、家庭や職場、学校にまで広がっていく議論の場がつくられていった。総合雑誌をベースとしたいわゆる「お座敷論壇」とも、またその啓蒙版である「準お座敷論壇」とも異なる「お茶の間論壇」が、読者の関心と話題の的になっていったのである。

身近で現実的なテーマ、論点の明快さとわかりやすさ、論争自体の娯楽性といった「お茶の間論壇」の特性は、雑誌のような活字メディアだけでなく、ラジオやテレビとも親和的である。その例として、1960年代に「お茶の間論壇」を盛り上げた「女子学生亡国論」を取り上げてみよう。

論争のきっかけになったのは、当時、早稲田大学文学部教授だった暉峻康隆が、戦後になって文学部に女子学生が多くなってきたことをとりあげて、文学部が「花嫁学校」化してしまっていると批判した記事である。もともと文学部は、文学部以外はどうしてもいやだという男子学生が集まるところだったのに、戦後になって結婚のための教養には文学くらいが適当だという女子学生が、成績がいいというだけでどんどん入ってくるようになった。彼女たちは、まともに文学をやる気などなく、ただの趣味・教養に過ぎないから、一生懸命に教えても意味がない。そういう女子学生に占拠されて文学部が「花嫁学校」化してしまうと、文学部の将来ひいては大学・高等教育の未来があやぶまれると、半ば本気で半ば揶揄的に論じたのである。

これが話題を呼んで、ラジオ番組のなかでも、「女子学生亡国論」をめぐって、慶應、早稲田、東大の教授の鼎談が行われている。高等教育の大衆化のきざしのなかで、かつての教養主義が衰退し、学生文化も大

きく変化していく時期に,「女子学生」という格好の標的をつくることで,女性問題,大学問題,教育問題が重なる現実的な論争の場が生まれたのである。

このように,誰もが興味をもつような話題をタイミングよくとりあげ,本音でそれに迫ったり,常識や前提をひっくりかえしたりして論争をしかけることによって,読者を挑発し,あるいはおもしろがらせて議論のなかに参加させていく。「お茶の間」をベースとしつつ,その外側にも広がりをもつ井戸端的な公共圏としての議論の場がつくられていったのである。『婦人公論』が大きく出版部数を伸ばしていった第二期は,このような「お茶の間論壇」が形成され,活気を呈した時期だったのである。

(5)「論壇知識人」から「お茶の間文化人」へ

このような論争をしかけたのは,いずれもすでに評論家,新聞論説委員,大学教授といった肩書きで活躍していた知識人・文化人である。しかし,彼らが『婦人公論』で話題になったのは,専門分野とは別に,女性や家庭をめぐる問題に独自のアプローチで切り込んでいったからである。「正論」をわかりやすく説くというのではなく,現実的に問題をとらえた切り口が意外性と同時にインパクトを与えたのである。いわば,「論壇知識人」の「お茶の間論壇」デビューである。そして,「お茶の間論壇」デビューをきっかけに,女性誌や週刊誌,テレビなど活躍の幅を広げていくこともしばしばあった。

「論壇知識人」が「お茶の間論壇」のスターになっていくことによって,「論壇」と「お茶の間」の境界が取り払われ,「お茶の間文化人」が活躍する領域が広がっていく。学者,評論家,芸能人まで含むさまざまな「お茶の間文化人」によって支えられる「お茶の間論壇」は,女性読者のニーズはもちろん,男性読者の興味も取り込むものであった。「新しい教養を求める知的女性大衆」と同時に,「知的男性大衆」のニーズにも応えられる雑誌として広く読まれたのである。

(6)「お茶の間論壇」の広がりと衰退

　第三期になると,いっそうボーダーレス化が進行していく。執筆者には,コラムニストやカウンセラーとして活躍する「お茶の間文化人」がならんでいる。また,女優や俳優など芸能人が登場する回数も増えていく。「論壇文化人」の「お茶の間文化人」化と同時に,芸能人の「お茶の間文化人」化もすすんでいく。それとともに,活字メディアと映像メディアの距離もさらに縮まっていった。

　しかし,「お茶の間論壇」の裾野が広がっていくのとは反対に,出版部数は1970年代に減少傾向をみせるようになる。「第一論壇」を支える総合雑誌の出版部数が減少していくのもこの時期である。

　総合雑誌ほど敷居が高くなく,あまり背伸びせず気楽に議論に参加できる「お茶の間論壇」は,高等教育が大衆化しはじめる時期ともあいまって,第二期にはその魅力を大いに発揮した。「新しい教養を求める知的女性大衆」だけでなく,「知的男性大衆」のニーズにも応えられる雑誌として広く受容されたのである。そこでは,ただわかりやすいというだけでなく,「お座敷論壇」ではできないような現実的な論点を鋭くつく「お茶の間論壇」ならではの魅力があった。いいかえれば,総合雑誌が象徴的な知的ヘゲモニーを保持していることが,「お茶の間論壇」の説得力やおもしろさを引き立てたのである。

　しかし,1970年代以降,『世界』や『中央公論』など,「第一論壇」を支えてきた総合雑誌が衰退していくのと対応して,「お茶の間論壇」も勢いを失っていく。「お座敷」の議論がなければ,「お茶の間論壇」の現実主義や本音主義も知的なおもしろさを失って「居酒屋談義」と変わらなくなる。「論壇知識人」が後退し,「お茶の間文化人」が膨張していく第三期は,「第一論壇」とも,実用雑誌や週刊誌ともちがう「お茶の間論壇」の独特のポジションを失わせることになったのである。

　この傾向をさらに強める上で,活字メディアからテレビを中心とするメディアへとその主軸が移行していったことも大きい。雑誌からテレビへ,「論壇知識人」から「テレビ文化人」へと文化的ヘゲモニーがとって変わられるなかで,「お茶の間論壇」の場もテレビに移っていったの

である。テレビのバラエティやトーク番組で政治・経済のテーマが取り上げられ，論争がつくられる。政治や社会問題をめぐる「論壇」のバラエティ化と，バラエティ番組の「お茶の間論壇化」がおこる。『婦人公論』がつくりだした「お茶の間論壇」は，総合雑誌の衰退とともに，活字からテレビへとその中心が移っていくプロセスで，その橋渡しの役割を果たしたといえるかもしれない。

　『婦人公論』は，「中間文化界」の周辺に位置しながら，その範囲を広げる役割も果たしたと同時に，「中間文化界」と「マス文化界」の境界を曖昧化させる機能ももっていた。その意味では，「総合雑誌」と「中間文化界」の盛衰を映し出す鏡としてみることができるのである。

3．インターネットと「中間文化界」の可能性

（1）「ブログ論壇」から「ネット論壇」へ

　総合雑誌を中心とした「中間文化界」は，1970年代以降は徐々に衰退しその輪郭を失っていきつつある。2000年代の終わり頃には，論壇雑誌は相次いで休刊している。それに代わって登場してきたのが，インターネットを中心とする「ネット論壇」である。雑誌論壇から「ネット論壇」への移行の過程を詳細に分析した富田英典によれば，ブログという環境ができたことが「ネット論壇」登場のきっかけになったという[6]。

　インターネットの普及とともにブログが開設されるようになったことで，「論壇」の性質は大きく変わった。たとえば，佐々木俊尚は，「雑誌論壇・新聞論説・テレビ報道」（マスコミ）に対する「ブログ論壇」（インターネット）の特徴は，マスコミによる「論壇」の支配に批判的なロストジェネレーション（1972～1982年生まれ）によって支えられていることだという[7]。マスコミを主導する団塊世代の言論空間から距離を

---

[6] 富田英典「「ネット論壇」―論壇のデジタル化とインターネット」竹内，佐藤，稲垣編，前掲書
[7] 佐々木俊尚『ブログ論壇の誕生』文春新書，2008年

とって，ブロガーが自由に本音で語れる言論空間の創出がブログである とみているのである。

　雑誌論壇に比べて，インターネットは情報も議論もより開放的で，活発な議論の場として活性化することが期待された。しかし，富田によれば，当初期待されたようなインターネットによる「輿論」形成に多くの人が参加する状況は簡単には生まれなかったという。そのため，専門家やジャーナリストによる言論空間の創出が必要になり，「論壇サイト」が登場したと分析している。

　しかし，サブカル系の論壇も含む「論壇サイト」も，結局はそれについての知識をもっている人には便利だが，誰もが手軽にアクセスし参加できるような開放的な状態にはなっていないようである。

（2）新しい「論壇」形成？

　富田は，「ネット論壇」の現状について次のように述べている。

　論壇サイトは，全体としては情報量が多いために，論壇雑誌のようにまとまりのある形式にはなりにくい。さらに，デジタル情報であるために，ユーザーによって都合のいいところだけ切り取られ複製される危険性がある。つまり，論者にとっては自由に発言する機会を提供してくれる優れたメディアではあるが，その論者の主張が読者に正しく伝わらない危険性がある。さらに，複数のメディアで短いコメントが発信されるようになると，ある部分だけを繋ぎ合わせて論者の主張とかけ離れた主張がユーザーによって作り上げられてしまう危険性もある。（中略）あらゆる情報がデジタル化される社会では，個人の様々な情報が必要に応じて組み合わされ一人の人物像が作り上げられる。それは，マックス・キルガーが論じた「バーチャル・セルフ」概念にも通じる。（中略）「バーチャル・セルフ」とは，気が付かない間に作り上げられた見知らぬ「もう一人の自分」なのである[8]。

8）富田，同書，308頁

現時点では，このような危険が「ネット論壇」を衰退させるのか，あるいは新しい知の可能性を開くスタートラインなのか，判断するのは難しい。しかし，「ネット論壇」の動向が流動化とグローバル化という社会全体の変化と教養の変容をみていく上での重要な指標のひとつであることは間違いない。

研究課題

・『婦人公論』以外に，「お茶の間論壇」と呼べるものがあるか調べてみよう。またその受容者はどのような人たちで，どこに魅力を感じているのか，考えてみよう。
・現代において，総合雑誌に代わって「限定文化界」と「マス文化界」をつなぐようなメディアの例として，ネット論壇以外にどのようなものが挙げられるか。また，それは総合雑誌やネット論壇と比較してどのような特徴があるのだろうか。ひとつを取り上げて考えてみよう。

参考・引用文献

P. ブルデュー，石井洋二郎訳『芸術の規則Ⅰ』（藤原書店，1995年）
Kilger, M., The Digital Individual, *The Information Society*, 10(2):,93-99,1994
中尾香『〈進歩的主婦〉を生きる―戦後『婦人公論』のエスノグラフィー』（作品社，2009年）
村上一郎『岩波茂雄と出版文化―近代日本の教養主義』（講談社学術文庫，2013年）
大澤聡『批評メディア論―戦前期日本の論壇と文壇』（岩波書店，2015年）
佐々木俊尚『ブログ論壇の誕生』（文春新書，2008年）
佐藤卓己『物語　岩波書店百年史2「教育」の時代』（岩波書店，2013年）
竹内洋『メディアと知識人―清水幾太郎の覇権と忘却』（中央公論新社，2012年）
竹内洋，佐藤卓己，稲垣恭子編『日本の論壇雑誌』（創元社，2014年）
暉峻康隆他「大学は花嫁学校か―女子学生亡国論」『早稲田公論　特集曲がり角にきた新制大学』（創刊号，1962年）

14 努力主義と日本型メリトクラシーのゆくえ

　日本の教育文化において,「努力」「勤勉」が大きな位置を占めてきたことはよく知られている。生まれながらにもっている「能力」や「才能」よりも「努力」を評価する文化が,「日本型メリトクラシー」の特質でもある。しかし近年,「日本型メリトクラシー」を支えてきた勉強＝努力主義が後退しつつあることがしばしば指摘される。
　本章では,勉強＝努力主義を軸にしながら,日本における教育文化とメリトクラシーの特質と変容について考察する。
【キーワード】勉強＝努力主義,メリトクラシーの神話,努力型メリトクラシー,インセンティブ・ディバイド,ハイパー・メリトクラシー

1. 文化が壁になる社会,壁のみえにくい社会

(1) 階級の壁としての文化

　イギリスは階級社会といわれる。近年はずいぶん変わってきたとはいえ,ことばの使いかたから服装,食事の時間,居住地域,子どもの教育まで,日常生活のなかでクラスを意識することはまだ少なくない。そうした階級意識を支えているのは,収入や消費水準といった物理的な財ではなく,話しかたや立ち居振る舞いなどのように,簡単には身につけられないような身体化された文化である。だから,生活の細部にまでクラスの差を見つけてしまうような「階級に取り憑かれた社会」(A. H. ホールジィ)だといわれるのである。
　その典型がロウアーミドルクラス（下層中産階級）である。元々は労働者階級だったが教育を受けてホワイトカラー化した中産階級の人たちを指すことばで,産業革命以降に出現したクラスといわれている。彼ら

は，教育も収入もある程度高く，郊外の一戸建てに住むという中産階級的な生活をしているが，典型的な中産階級からは成り上がりとみられて遠ざけられ，労働者階級からは「ミドルクラスぶった気取り屋」とみられがちである。つまり，いずれの階級にも所属感のもてない「孤独な階級」[1]だというのである。文化が階層間の移動を妨げる壁になった社会の難しさがうかがえる。

（2）階層の壁をかくす文化

　日本社会では，階層を移動したり文化の狭間にいることは，孤独感よりも強みになってきた側面が大きいのではないだろうか。知らない世界や文化に憧れて勉強や読書に励めば，「努力家」とか「向上心のある人」として賞賛され，はじめから坊っちゃん育ちの人よりも，複数の世界を知っている人のほうが「機微がわかる」とか「気取らない」人物として信頼されることが多い。

　もちろん，「努力家」が「器の小ささ」や「才能のなさ」にみえることもあるだろう。意識的な努力が前面にでるほど，努力やガンバリズムでは補填しがたい「品格」に欠けるといわれたりもする。だから，「向上心」も場合によっては欲望の強さや「野心家」にみえて，忌避されたり危険視されることもある。

　その意味では，階層の壁がないわけではない。しかし，それがおもてに出過ぎないようなもうひとつの文化の壁（装置）が存在している。たとえば，作田啓一（2001）は，しばしば日本文化の特質といわれる「謙虚さ」について，それが価値や徳であるだけでなく，同時に他者からの嫉妬や羨望を回避する戦略にもなっていると指摘している[2]。平等圧力の強い日本社会では，他者から突出することよりも目立たなくすることのほうが適応戦略として成功しやすいというのである。だから，階層による文化の差があったとしても，それを際立たせることで差異化するこ

1）新井潤美『階級にとりつかれた人びと』中公新書，2001年
2）作田啓一「羨望・嫉妬・憧憬」『思想の科学　第7次』140号，1991年

とよりも，目立たなくすることのほうが好まれる。文化的な排除（壁）がみえやすい社会とちがって，文化的な壁をみえにくくするしくみが存在するのである。

　日本の学校教育は，このような文化的な土壌のなかでつくられ維持されてきた。その重要な柱が，努力主義や勤勉価値である。先に述べたように，近代日本においては「努力」「勤勉」という価値が教育と社会を支えるエトスとして機能してきた面は大きい。私たちは，何かというと「頑張ろう」「頑張ってね」ということばを使うことが多い。子どもの成績がよくなかったときに「次は頑張ろうね」といって励ましたり，成績が上がれば「頑張ればできるじゃない」と褒めたりする。努力して能力を発揮すれば，ライフチャンスが広がってきっと望ましい生活ができるようになるはずだという信念（メリトクラシーの神話）が学校教育を支えてきたのである。

　しかし近年，この「努力」「勤勉」価値は揺らぎつつあるといわれるようになっている。NHK放送文化研究所の意識調査（2003年）をみると，「他人に負けないようにがんばる」生きかたを良いと思う中学生の割合は，1982年の63％から，1987年には56％，1992年には52％，さらに2002年では44％と，一貫して減少している[3]。

　本章では，日本の勉強＝努力主義を支えてきた教育のしくみと，それが揺らぎつつある現在の教育と文化の状況について考えたい。

2. 日本型メリトクラシーのしくみ

（1）勉強の誕生

　一般に，「勉強」ということばは，学問に精を出して励むという学習態度の勤勉さという意味で使われることが多い。しかし，このような意味として使われるようになるのは明治もしばらくたってからのことであ

3）NHK放送文化研究所『NHK中学生・高校生の生活と意識調査　楽しい今と不確かな未来』NHK放送出版協会，2003年，47頁

る。竹内洋によれば，福澤諭吉の『学問のすゝめ』や「被仰出書」（明治5年公布「学制」序文）は，学問をすることがこれからの社会で身を立てる「財本」になるということが述べられているが，そのなかには「勉強」ということばは使われていないという[4]。

もともと勉強ということばは，「無理をする」とか「骨を折って励むこと」というくらいの意味だったから，商店などで「安くしておきます」という意味で「勉強しときます」といったりすることもあったようだ。それが，明治10年代あたりには，努力して学問に励む，つまり学習することと結びついていくようになる。つらくても努力して学習すれば，将来きっと成功するという言説を含んだ「勉強」という意味になっていくのである。

そうなると，努力せずに才能だけで成功しようとするのはよくないことになる。努力して学校でいい成績をあげ，その結果として社会的な成功を収めること。これが近代日本の勉強＝立身出世を支えるイデオロギーになっていったのである。

（2）努力型メリトクラシー

身分や人種，性別のような属性（ascription）によってではなく，本人の能力や努力の証としての業績（achievement）によって，社会的地位が獲得されていくような社会を理念として教育や社会のシステムがつくられているという点では，日本もメリトクラティックな社会である。

しかし，そもそもメリトクラシー（業績原理）の前提においては，業績として想定されているのは本人がもともともっている能力であって，努力がそれほど大きな意味をもっているわけではない。メリトクラシーということばをつくったM.ヤングは，その著書『メリトクラシー』（至誠堂，1982年）において，2034年の時点から当時のイギリス社会をふり返るという形でシニカルな分析を行なっている。そこでは，生まれによって社会的地位が決まってしまう前近代社会に代わって，知能検査によっ

4）竹内洋『立身出世主義』NHKライブラリー，1997年

て評定された能力に応じて社会的配分が決められる社会がくるという設定になっている。ところが、そこから特定の能力が評価されることによってまた地位が固定するようになるという矛盾が引き起こされる。そこで「能力」として想定されているのは、知能検査で測られるような、個人がもともともっている能力である。

それに対して、日本型のメリトクラシーにおいては、生まれでも才能でもなく、努力が重視される。その意味では、勉強＝努力主義をベースとしたメリトクラシー（努力型メリトクラシー）だということができるだろう。

この努力型メリトクラシーを支えてきたのは、各段階に選抜を細かく組み込んだ受験システムである。偏差値による小刻みな序列化を土台にした選抜システムのなかでは、手の届きそうな範囲で、少しでもランクの高いところへと上がっていくことが動機づけられる。まず、今よりもう少し頑張って次の目標をクリアし、それができたらまた上の目標にチャレンジする。そうやって努力していけば、最終的には自分が目標としていたところに到達することができる。もともと持っている潜在的な能力に見合ったところでいいというのではなく、努力して少しでも上にいくことが奨励される。そのなかで、努力すれば必ず報われるのだという努力主義の態度がつくられていくのである。

学校教育への期待と進学率の拡大を支えてきた大きな要因のひとつは、この勉強＝努力主義とそれを支える選抜システムであるということができるだろう。

（3）努力家とガリ勉

ところで、このような勉強＝努力主義には、ふたつのイメージがある。ひとつは能力や才能に甘んじず勤勉に努力することへの賞賛である。とくに明治期においては、立身出世は単に個人の功利主義を超えたエトスとしてポジティブに評価されることが多かった。既成の体制に挑戦し志を遂行するという社会的価値をともなってもいたのである。

しかし、学校教育が拡大し、受験体制が整っていくにつれて、勉強は

ゼロサムゲームの競争になっていく。目の前の試験をうまく乗り切り，そのなかで勝ち残っていくための勉強へとその努力も矮小化されがちになる。すでに大正期には，上昇移動といっても，『学問のすゝめ』の時代のように大志をめざしたものというよりも，よりささやかな地位をめぐる競争になっていく[5]。

そうなると，勉強イメージも社会的な意味を失って，個人的な利益を追求するガリガリ私欲主義とみられることもでてくる。勉強ということばにマイナスイメージが付与された象徴的なことばが「ガリ勉」である。

現在でも，努力家とか勉強家というと，功利主義的に結果を求めるのではなく，つねに向上心をもっている人というプラスの評価がされる場合もあれば，目先の利益を追う功利主義的でおもしろみのない人物とおもわれたり，能力や才能のなさを補填する態度としてマイナスに評価される場合もあるだろう。しかし，勉強＝努力主義が，こうしたプラスイメージとマイナスイメージの両方をともないながら，日本の教育を支える文化になってきたことは間違いない。

（4）脱落の不安と試験のまなざし

小刻みな選抜に合わせて努力しつづけるようなシステムの基本は，大正期には成立していた。「受験生」という呼びかたや受験競争の過熱化もすでにはじまっていたし，受験ノイローゼの症状をみせる受験生も現れた。新中間層のなかで，子どもの教育に熱心な「教育する家族」が誕生するのもこの時期である。しかし，当時はまだそうした受験競争に参加したのはごくわずかだった。旧制高等学校への進学率は10％を超えないくらいだったから，受験を目ざす生徒にとっては競争は厳しいものだったが，一般の学校生徒すべてがそのなかに巻き込まれていたわけではなかったのである。

このような選抜システムがあらゆる生徒を巻き込んで広がっていくのは，戦後，進学率が大きく上昇していく1960年代である。第8章でも述

5）竹内洋『立志・苦学・出世　受験生の社会史』講談社学術文庫，2015年

べたように，1960年から1975年までの間は高等教育の拡大期にあたり，進学率が15％を超えてマス段階に入った時期である。受験地獄とか受験戦争といったことばがよく使われるようになり，学歴主義が批判の的になっていくのもこの時期である。

それとともに，努力や勉強のイメージもネガティブなニュアンスが強くなっていく。受験生は，選抜システムのなかで失敗しないように常に生活を律して努力していかなければならない。将来の目標に向かってチャレンジするという前向きな姿勢よりも，失敗して脱落するのではないかという不安が努力へと駆り立てる。努力という価値が，自己規律化あるいは自己監視のまなざしのなかに絡み取られていくことになるのである。

そうなると，努力や勤勉のイメージも，向上心や将来展望と結びついたプラスイメージよりも，脱落の不安を回避するための苦行というマイナスイメージのほうが強くなっていく。勉強＝努力主義が広く浸透していくのにともなって，逆に努力や勤勉の価値がネガティブなものになっていくのである。

3. 勉強＝努力主義の解体とメリトクラシーの変容

(1) 努力の階層差

ところが，2000年あたりから，子どもの勉強時間や教科の得点が低くなる傾向があることが取り上げられることが多くなった。これまで日本の教育を支えてきた勉強＝努力主義が減退傾向にあることが，さまざまな調査結果から指摘されるようになったのである。

その背景について，苅谷剛彦（2001）は，努力する生徒と努力しない生徒の間に階層差が顕著にみられるようになったことを指摘している。苅谷によれば，努力の総量という点ではたしかに減少しているが，その減少のしかたは社会階層によって異なるという。

出身階層が低い高校生の場合，努力の指標となる勉強時間が少ないのだが，にもかかわらず「自己有能感」が高いという。つまり，学校的で

努力主義的なメリトクラシーの価値を信じなくなっているというのである。逆に，出身階層の高い生徒の場合は，努力価値を信じて頑張る傾向がみられる。だから，成績の階層差がますます開いていく。階層によって「やる気」（インセンティブ）自体に差が生じていること，それが「インセンティブ・ディバイド」である[6]。

このように，全般的にみると勉強＝努力主義が減退しているが，さらにみていくと，勉強を頑張って努力する層と，努力価値を放棄して競争から降りてしまう層とに二極化する傾向がある。「（日本型メリトクラシーの）イデオロギーの巧みさは，まさに，多くの人々の努力を動員しつつ，同時に，階層差に影響されたその努力をも媒介にして，教育達成における階層差をつくり出してきたこと，さらにはそうした社会階層の影響を，努力が平等に存在する（だれでもがんばれば……）という幻想によって隠蔽してきたことにある」[7]というように，努力が家庭の文化資本を埋め合わせる戦略としての有効性を失うだけでなく，それ自体が階層差を助長することになっているのである。

（2）文化資本と学校教育

そのことは，フランスのリセにおける成績優秀者の調査と比べるとよりはっきりする。ブルデューによれば，リセの成績優秀者の場合，高階層の生徒は，反復学習（努力）ではカバーしにくい科目での成績の高さを重視し，自己達成感は才能の発揮によると感じている。それに対して，同じ成績優秀者でも，低階層出身の生徒は，反復学習がものをいう科目での成績の高さが自己達成感を支えているというのである。階層差は才能（優秀）か努力（まじめ）のどちらを選好するかに表われるというわけである。

その典型が支配階層出身のフランス語成績優秀者と，中間階層出身の

---

[6] 苅谷剛彦『階層化日本と教育危機―不平等再生産から意欲格差社会へ』有信堂，2001年
[7] 苅谷，同書，159頁

古典語成績優秀者であるという。中間階層出身の古典語（ラテン語・ギリシア語）の成績優秀者は，たいてい核家族の出身で，親に「尻をたたかれてきた」生徒たちで，従順さや勤勉な態度を身につけ学校的な価値を信奉している。それに対して，支配階層出身のフランス語の成績優秀者は，早熟で半数は飛び級をしており，成績がいいのは生来の頭の良さであると考えている。教員に対しても教育家であるよりも優秀で創造的であることを求めているという[8]。

その理由について，ブルデューは次のように述べている。

才能がものをいう科目は，家族から受け継いだ文化資本，いわゆる「自由」な「教養」（「学校的」の対極）にとってもっともうまみのある投資対象となる。それはまた，家庭内のしつけによる日頃の教育を通してのみ習得される教養に狎れ親しんでいることがものをいう科目である。他方，社会空間における被支配階層出身の生徒がもつ倫理的心構えは，他の領域よりも労苦が直接に反映されるような職務に向いているが，そのような心構えを発揮できる科目が有る。そして，前者の科目は，後者の科目に比べると，より高い社会的地位を与える求人の対象になるのである[9]。

このように，高階層の生徒は，家庭の文化資本がより有利にはたらく学科を好み，高い教育達成は「才能」によるものと考えている。一方，低階層の生徒は，学校で短期間に習得できる科目のほうを重視し，そのために「努力」や「勤勉」を惜しまない。その意味では，努力は，支配階層にない生徒にとって対抗戦略になるのである。

日本でも，高学歴で高い文化資本をもつ家庭では，子どもも同様の文化資本を身につける傾向はある。子どものころから家庭で読書や芸術に親しんできた生徒は，学校でも成功する可能性は高い（第9章参照）。

---

[8] P. ブルデュー，立花英裕訳『国家貴族Ⅰ』藤原書店，2012年
[9] 同書，32頁

しかし，そうした関係をあからさまにせず，誰にも平等に開かれている勉強＝努力主義が強調される。実際，試験による小刻みな選抜システムは，家庭で蓄積されてきた文化資本よりも，学校で集中的に習得できる学校化された文化資本に重点を置いてきたともいえる。勉強＝努力主義が前面化している間は，その背景にある家庭の文化資本にはあまり関心が払われなかったのである。

ところが，勉強＝努力主義が減退していくことによって，それ自体が階層格差と重なっていることが顕在化することになった。子どもが努力するかどうかは，家庭の文化資本のひとつになっていることが顕わになってきたのである。

（3）努力の変容

さらに本田は，努力が減退しているだけでなく，頑張る方向もちがってきている可能性があることを指摘している。1989年と2001年に行われた小学校5年生と中学校2年生に対する調査の結果をみると，「人を楽しくさせる」「みんなの前でも意見をいえる」「将来の夢や目標がある」という項目は，いずれも努力と関連しているが，それらは勉強に努力することとは必ずしも関係しなくなっているという。むしろ，2001年時点においては，勉強ができるかどうかよりも，家族とのコミュニケーションがあるかどうかとの相関が高くなっているというのである[10]。

このようにみていくと，近代日本の教育文化を支えてきた勉強＝努力主義は，それを保持する高階層とそこから撤退する層とに二極化すると同時に，より多様な能力に向けて新たに努力する傾向が現れる状況になっているようにおもわれる。いずれの場合をとってみても，学校のなかから努力や勤勉価値を維持する文化が後退しつつあるということができるだろう。

その一方で顕在化するようになったのは，子どもの教育達成における

---

10) 本田由紀『多元化する「能力」と日本社会―ハイパー・メリトクラシー化のなかで』NTT出版，2005年

家庭の文化資本の重要性である。学校で成功を収める方向に子どもの努力を向けさせるか，それ以外の社交能力や個性の発揮に力を入れるかは，本人の選好の問題であると同時に，親の選択や選好によるところが大きくなっている。家庭の文化資本がストレートに子どもの教育達成に影響を与えるようになってきたのである。勉強＝努力主義の文化を前提とした日本型メリトクラシーが，言説の上でも現実でも衰退しつつあるということができるだろう。

（4）ポスト近代型能力と学校教育のゆくえ

　近年，これまでのような標準化された知識を習得することを基本とした教育に代わって，意欲や創造性，多様性を重視する教育に重点がおかれるようになりつつある。本田は，これまでの勉強＝努力主義がめざしてきた能力（近代型能力）にかわって，このような新しい能力（ポスト近代型能力）を重視するような社会を「ハイパー・メリトクラシー」と呼んでいる[11]。

　本田によれば，「近代型能力」とは，「主に標準化された知識内容の習得度や知的操作の速度など，いわゆる『基礎学力』としての能力」(同書，22頁）である。それに対して，「ポスト近代型能力」とは，「多様性・新奇性」，「意欲，創造性」，「個別性，個性」「能動性」，「ネットワーク形成力，交渉力」といったキーワードで示されるような，いわゆる「生きる力」に象徴されるような能力である[12]。

　この「ポスト近代型能力」を求める社会では，ストック型の知識よりも，それらを使って新しい価値を創造したり，他者とのネットワークを活用しながら柔軟に対応できる能力が評価される。これらは，グローバルで流動的なポスト近代社会で求められる能力として期待されつつある。しかし，そうした能力は具体的にどうすれば身につけることができるのか，またそれらを評価する基準はなにかについては必ずしも明確で

---

11) 同書
12) 同書，22頁

はない。

　標準化された知識の習得を基本とした「近代型能力」は，その習得プロセスも測定・評価の基準も明確であるため，「努力」がその達成に有効に作用する。「がんばればできる」がある程度，現実味をもっていたのである。それに対して，独創性やコミュニケーション力を重視する「ポスト近代型能力」を身につけるためのカリキュラムや方法を定式化することは難しく，それを評価する基準や方法を設定することができるのかはまだ十分に検討されているわけではない。また，「近代型能力」から「ポスト近代型能力」に切り替えるのか，「近代型能力」の上にさらに「ポスト近代型能力」を接続しようとするのか，という点も議論の余地があるだろう。

　知のフラット化やグローバル化の進展とそれにともなう社会の流動化のなかで，「ポスト近代型能力」が期待されつつあることはたしかである。しかし，社会状況の変化に合わせた表層的な改革を試みる前に，これまでの教育を支えてきた教育と社会の文化装置のしくみについて検討することが重要であろう。

　家庭の文化資本の違いが顕在化しつつあるなかで，各学校段階で行われているさまざまな改革によって学校がヘゲモニーを取り戻すことができるのかどうか，今後の課題である。

研究課題

・日本的な努力主義や勤勉価値は，学校教育の中でも進路指導や部活動など様々なところに現れる。具体的な場をひとつ取り上げ，どのように努力規範が現れるかについて分析してみよう。また，他の国においてはどうか調べてみよう。
・ポスト近代型能力にまつわる言説を探してみよう。その内容と同時に，どのようなメディアや人々によって語られているか整理し，その社会的背景について考えてみよう。

参考・引用文献

新井潤美『階級にとりつかれた人びと』(中公新書,2001年)
P.ブルデュー,宮島喬訳『再生産―教育・社会・文化』(藤原書店,1991年)
P.ブルデュー,立花英裕訳『国家貴族Ⅰ』(藤原書店,2012年)
本田由紀『多元化する「能力」と日本社会―ハイパー・メリトクラシー化のなかで』(NTT出版,2005年)
苅谷剛彦『階層化日本と教育危機―不平等再生産から意欲格差社会へ』(有信堂,2001年)
苅谷剛彦『大衆教育社会のゆくえ』(中公新書,1995年)
NHK放送文化研究所『NHK中学生・高校生の生活と意識調査 楽しい今と不確かな未来』(NHK放送出版協会,2003年)
作田啓一「羨望・嫉妬・憧憬」(『思想の科学 第7次』140号,1991年)
竹内洋『立身出世主義』(NHKライブラリー,1997年)
竹内洋『立志・苦学・出世 受験生の社会史』(講談社学術文庫,2015年)
M.ヤング,窪田鎮夫,山元卯一郎訳『メリトクラシー』(至誠堂,1982年)

15 │ 現代日本の教育文化―まとめと課題―

　文化の継承が行われるところには必ず教育の営みが存在し，そこにはまた独自の教育文化が創られていく。その意味では，教育は文化の継承全体に関わる広い事象である。
　本書では，子育ての慣習から家族，学校，メディアなどの文化装置まで，広い意味での教育文化の諸相を，歴史的・社会的な多様性のなかで検討し，その意味について社会学的な視点から考察してきた。本章では，これらの知見をまとめた上で，これからの教育文化と教育文化研究について展望する。
【キーワード】　教育文化，市場化された関係，バーチャルなコミュニティ

1. 日本の教育文化の特質

　これまでの各章において，家庭，学校，メディアを軸に，それぞれの場や空間でつくられてきた教育文化について，文化装置という視点から検討すると同時に，その諸相に光をあててきた。
　歴史的な視野から概観すれば，特定の集団や社会のなかで継承されてきた子育ての慣習や文化から，近代的な文化装置のなかで形成されてきた「教育」文化へと変容し，さらに現在は，その揺らぎとともに新しい教育文化が生まれつつあるということができるだろう。
　しかしそれは，前近代から近代，そしてポスト近代へと移行する単線的な変化ではない。近代的な文化装置に伝統的な教育の慣習が重層的に織り込まれることによって，独自の教育文化が形成されてきたのである。本書では，近代日本社会における教育文化の特徴とそのしくみを明らかにすると同時に，それらが脱制度化やグローバル化のなかでどのように変容しているのかについて検討してきた。

本章では，各章で論じてきた知見を，家庭，学校，メディアを軸に振り返りつつ，現代の教育文化についてあらためて考察したい。

（1）家族と教育文化

本書では，家族をめぐる教育文化について，主としてふたつの視点からみてきた。ひとつは，「教育する家族」を中心として，その誕生と変容の過程を概観し，現代の家族と教育をめぐる問題について考えてきた。夫婦，親子を中心とした家族内の愛情の絆を大切にし，近代的で合理的な生活スタイルを好む新しい文化的嗜好をもった「近代家族」は，大正期の新中間層を中心に生まれたが，彼らは科学的な子育てや教育に熱心な「教育する家族」でもあった。

このような「教育する家族」が広く一般化していくのは，戦後とくに進学率が大きく上昇していく1950年後半以降である。それとともに，育児や教育に関する各種の書物，雑誌が出版され，新聞やテレビ，ラジオでも教育問題が頻繁に議論されるなど，家庭教育の重要性を説く言説がさまざまな形で現れた。学習塾や進学塾，スポーツ教室や音楽教室などの教育産業が成長するのも，この時期である。

教育への関心の高まりは，一方では家庭教育や家族のありかたについてのさまざまな問題を浮上させることにもなった。育児不安や教育の過熱，塾や外食など外部への委託による家庭教育の衰退など，家族の危機を指摘する言説が登場する。それらは必ずしも家族の現実そのものではなく，実際にはさまざまな選択肢のなかから家族の状況に合わせて選択するという多様化と個別化の様相を示すようになったということができるだろう。

とはいえ，多くの選択肢のなかから「よりよい教育」を選ぶことのできる家庭とそうでない家庭との間に格差が生じつつあることは，近年よく指摘されているとおりである。子どもの教育責任を家族のなかだけに求めることは，家族の文化資本や経済資本がストレートに反映しやすいのである。

このような問題を考える上で，「近代家族」や「教育する家族」を補

完し支えてきた「擬制家族」というしくみについて，あらためてとらえ直す視点が生まれてくる。第4章でみようとしたのは，この「擬制家族」という視点から，個別化された「教育する家族」を超えて子どもの成長を支える多様な「疑似家族共同体」の可能性である。

シングルマザーや同性婚家族，シェアハウスなど多様な形態の家族が存在する現在，血縁や地縁を超えた疑似家族的なつながりや新しい家庭文化の形成を考える上でも，「擬制家族」「疑似共同体家族」という視点は示唆的であろう。

さらにもうひとつ重要なのは，育児やしつけにおける父親の役割である。家族の多様化や個別化のなかで，父親の意味や役割を考えていくことは，これからの子育てや家庭文化の形成にとって欠かせない視点である。

（2）文化装置としての学校

日本の教育文化の特質を考える上で，学校教育の存在が大きいことはいうまでもないだろう。明治以降，教育の中心を担ってきた学校は，独特の文化を形成してきた。長期間にわたって学校を経験することは，知識や技術を身につけるだけでなく，学校生活全体を通してものの見かたや感じかた，アイデンティティをつくる場としても重要な意味をもってきた。どのような学校に行きどのような先生や友人と出会うかが，その後の人生においても大きな影響をもつ場合も少なくないのである。

学校という文化装置の骨組みは，校舎や教室の空間配置や机，椅子，黒板，教卓といったハードな物理的環境と，授業やカリキュラム，教師と生徒の関係，教師文化，生徒文化といったソフトの側面の両方によって構成されている。こうした学校の基本的なしくみの意味をあらためてみていくことによって，教育達成をめぐる文化装置としての学校の基本的な特質がとらえられるのである。

また，学校という文化装置には，遠足，運動会，入学式，卒業式といった行事や同窓会のように，学校生活を共にすることによって醸成される親しみや懐かしさ，共同体意識といった「感情共同体」の形成という側

面もある。学校文化は,学校という組織を合理的に運営していくための機能的な側面だけでなく,そのなかでものの見かたや感じかたを身につけるという情動的,象徴的な側面でも重要な意味をもっているのである。

(3) 努力主義と日本型メリトクラシー

　こうした文化装置を支えてきた日本の学校文化の特質として,努力主義についても焦点をあてて考えてきた。第14章でも述べたように,努力,勤勉が「学問に精を出す」という意味になったのは明治以降のことだが,「頑張る」「努力する」ことが価値であると同時に,成績や進学にとってのカギになるというイデオロギーは,学校教育においても社会一般においても長く共有されてきた。才能や素質よりも努力を重視する文化は,小学校,中学校から大学まで学校教育を支えてきただけでなく,実力と年功を組み合わせた企業の昇進システムなども含めて,あらゆる組織に浸透してきた。

　また,努力主義は日本の教養文化のエトスでもあった。第8章でもみてきたように,日本の教養文化といえば,大正期における旧制高校からはじまる教養主義がその中核を担ってきた。その中心は読書文化である。古今の哲学,思想,歴史,文学などの読書を通して思索し,内面をみつめるという人格主義的な読書は,好きなものを楽しんで読むといった態度ではなく,読むべき本と正面から対峙するという真面目主義,禁欲主義的な態度をともなう。いわば,ストック型の教養である。このようなストック型の読書文化資本は,会話のセンスやコミュニケーションの能力のような身体化された文化資本に比べると,集約して身につけることが可能である。努力主義と学校中心の教養主義とが結びついたところに,日本の教育文化の特徴をみることができるのである。

　このように,生来的な能力(才能)を重視するアメリカやイギリスの能力主義的なメリトクラシーとは異なり,この努力主義の文化が「日本型メリトクラシー」の核になってきたのである。家庭の文化資本や才能より努力がものをいう努力主義の信念が,学校への期待と信頼を支えてきた面は大きい。

しかし，このような学校中心の教育文化は，近年とくに1980年代以降，大きく変容しつつある。勉強を頑張るという努力主義は，家庭の階層的な背景によって分化する傾向にあり，家庭の経済力や文化資本が学校での成績や進路にストレートに影響することが顕在化してきた。「頑張れば必ずできる」という努力主義によって支えられてきた学校神話が揺らぐなかで，階層の壁をみえにくくする文化の壁も取り払われ，家庭背景の差による格差問題があらわになってきたのである。
　そうした傾向は，学生文化のなかから読書文化が消失しつつあることからもうかがえる。読書自体がなくなったというわけではないが，より実用的な読書が主流となり，いわゆる教養主義的な読書はほとんど姿を消している。能力よりも努力，社交力よりも内面の充実，フローの知よりもストック型の知を重視するという日本型の学校文化の特質は大きく変容しつつあるといえるだろう。
　また，家庭の文化資本と学校教育の関係，日本型メリトクラシーと教養の関係を考えていく上で，ジェンダーの視点も重要である。旧制高校からはじまる男子の読書中心の教養主義の文化と女学生文化を軸とした幅広い教養，学校をベースとした教養と家庭の文化資本をベースとした教養など，ジェンダーの視点を入れてみていくことによって，日本における文化資本と教育達成の関係や格差の構造の重層的なしくみがみえてくる。

(4) メディアと教育文化の変容

　このような文化装置としての学校と教育文化の変容を考える上で，1970年代後半以降に本格化してきたメディアと消費社会の展開は重要である。これまでいくつかの章で述べてきたように，雑誌やテレビ，インターネットを通して流通する情報や広告によってつくりだされる消費社会のイメージが，学校文化や教養の変化に与えた影響は大きい。
　どの学校に所属しているかについても，努力や能力を表示するものから，学校の雰囲気や立地，制服などに象徴されるようなイメージを表示する傾向が強くなりつつある。生徒文化や学生文化にも，消費社会のな

かでつくりだされる若者文化や消費文化が浸透する。学校が前提としてきた「正統文化」の威信が後退し，市場原理と消費文化が学校の教育文化を席巻するようになるのである。

　それは，学校を中心とした教養文化を変えることにもなった。アカデミズムの「正統性」を前提とした読書中心の教養が衰退し，大衆文化と高級文化，活字メディアと映像メディア，アカデミズムとジャーナリズムといった区分が曖昧になると同時に，そうした枠を超えた文化が主流になりつつある。

（5）フラット化とグローバル化

　さらに，社会全体のフラット化やグローバル化の波によって，近代的な文化装置としての学校や教育文化も大きく変容しつつある。学校教育においては，これまでのように段階的に教えていくといった教授＝学習スタイルから，並列的に並べられた知識や情報のなかから，ニーズに応じて取捨選択していくというスタイルへの志向が強まり，それにともなって学力観や能力観も変わってきている。客観的なものさしで評価される学力だけでなく，それを運用する独創性や個性，コミュニケーション力が重視されるようになる。努力よりもセンスや回転の速さが評価されるようになりつつあるとみることもできるだろう。

　また，教師が主導的な役割をもつ教授＝学習スタイルから，生徒・学生のニーズに応じてわかりやすく役に立つ教育サービスを提供するという方向へと転換する。それとともに，教師と生徒・学生の関係も，長期的で全面的な関係（師弟関係）から教育サービスの提供者と利用者という市場化された関係（ツール関係）が前面化する。

　学校での教師と生徒・学生の関係が「市場化された関係」に近づいていく一方，人生モデルとしての「師」を求める志向は，メディアを介した有名人やセレブへと向かいつつある。第12章でみてきたような「私淑」から「シシュク」への展開は，そうした変化を象徴的に示すひとつの現象とみることができるだろう。

2. 教育文化の現在とゆくえ

(1) 教育文化の重層性

　本書では，教育をめぐる近代的な装置のしくみとその機能をさまざまな角度からみていくことを通して，教育文化の意味を考えてきた。ひとつの重要な視点は，その表層のしくみだけでなく，それを支えてきた深層部分にも光をあて，両者の関係のなかでつくられてきた重層的なしくみとしてとらえようとしてきたことである。

　家族と教育についていえば，近代的な「教育する家族」を軸としながらも，それを深層で支えてきた「擬制家族」の意味についても光をあてた。そうした視点をとることによって，現代の「疑似共同体家族」への志向の意味も新たな視点からとらえることが可能になる。

　また，学校という文化装置についても，近代的なしくみとそれを補完し支えてきた「師弟関係」のような情誼の関係を合わせてみていくことによって，より広い視野から現代の教師と生徒・学生の関係を考えていくてがかりになるだろう。

　フラット化やグローバル化が進む現代の社会においては，近代的な教育の装置は大きく変化しつつある。そのなかで，教育文化をささえてきた表層と深層がそれぞれ分化し，二極化しはじめているようにみえる。ひとつは，合理的，効率的な教育を追求するような表層部分の徹底化の方向である。目にみえる成果や効率性を求める現代の教育改革は，教育文化の深層部分を切り離し，表層部分をより機能させようとする方向とみることもできるだろう。

　しかし一方では，これまで教育を下支えしてきた深層部分が消失しつつあるなかで，それに代わる新しい形の共同性や情誼の関係への願望が顕在化しつつあるようにおもえる。

　第2章でみてきたように，「大人」が「子ども」を社会化させていくという関係とは逆に，「子ども」が「大人」の弱さをフォローし新しい関係を紡ぐ可能性への願望などはそのひとつの例である。また，近代家族を下支えしてきた擬制家族が消失していくなかで，より流動性が高く，

ローカルとグローバルの境界を超えた新しい共同性をもった疑似共同体家族への願望がうかがえるような現象も少なくない。さらにまた，タテの情誼関係としての師弟関係のロマン化や，インターネットを介したメディア時代の師弟関係としての「シシュク」の出現も，教育文化の深層を支えてきた疑似師弟関係の喪失に代わる現代的な情誼関係への願望として浮上しているとみることができるだろう。

　教育文化をめぐる現代のさまざまな現象を読み解いていく際に，教育文化の表層と深層によって構成されてきた教育文化の重層性がどのように変容し，どのような形で新たに再生しつつあるのかという視点は重要である。

（2）今後の課題と展望

　本書では，広い意味での教育文化について，文化装置という視点を軸にしながら，その特質と変容について社会学的な視点から概観してきた。

　教育文化の社会学的研究においてまず重要なことは，「子ども」と「大人」という区分，「教育する家族」，学校教育を中心とした教育など，私たちが自明のこととして考えてきた教育文化を，歴史的，社会的に相対化しつつそのしくみを明らかにすることである。「子どもがみえにくくなった」とか「家族の教育力が失われている」「学校の権威を取り戻さなければならない」といった判断をする前に，そうした見かたの前提をつくってきた教育と文化装置そのものを俎上にのせることである。

　本書では，文化装置という視点を軸にしながら教育文化の現実をみてきたが，一方では，そのなかで子どもや家庭，生徒たちが創りだしてきた文化の営みをさらに掘り起こすことが必要である。教育に熱心な家族や学校のフォーマルな文化だけでなく，多様な「生きられた文化」に光をあてることによって，教育文化研究の新しい知見や視点が開けるはずである。

　さらに，今後の教育文化研究を進めていく上で，現代における大人になることの意味や，大人と子どもの関係，家族関係，教師と生徒の関係などについて読み解いていく新しい視点を開いていくことである。教育

文化を構成してきた重層的なしくみが，これらをどのように変容しあるいは再生していくのか。たとえば，空港のトランジット・ラウンジのように一時的で流動的な交流の場が創りだすコミュニテイや，インターネットなどを介したバーチャルなコミュニティのなかから生み出される新たな関係や文化は，これからの教育文化を考えていくうえでの手がかりとなるだろう。

教育文化の社会学には未開拓な領域と可能性が開かれている。

研究課題

・とくに自分が興味をもった章やテーマ，キーワードについて，各章で取り上げられている文献を参考にしながらさらに深く調べてみよう。
・なぜ教養を文化という視点からみることが重要なのだろうか。また，社会学的な見かたとはどういうものだろうか。ここまで学習したことを振り返り，もう一度自分の言葉で記述してみよう。

参考・引用文献

遠藤知巳編『フラット・カルチャー　現代日本の社会学』(せりか書房, 2010年)

J.デランティ, 山之内靖, 伊藤茂訳『コミュニティ　グローバル化と社会理論の変容』(NTT出版, 2006年)

J.クリフォード, 毛利嘉孝他訳『ルーツ:20世紀後期の旅と翻訳』(月曜社, 2002年)

Wheeler,W. 'Nostalgia Isn't Nasty: The Postmodernising of Parliamentary Democracy', M. Perryman, (ed.), *Altered States: Postmodernism, Politics, Culture,* Lawrence & Wishart, London, 1994, pp. 94-107.

索引

●配列は五十音順，＊は人名を示す．

●あ行

『赤い鳥』　26
阿部次郎＊　109, 169
『あまちゃん』　56
石垣綾子＊　186
一人前　25, 39
巌本善治＊　122
岩本禎＊　109
巌谷小波＊　26
インセンティブ・ディバイド　201
液状化　150
エリート段階　107
お座敷論壇　185
お茶の間文化人　190
お茶の間論壇　185
思い出共同体　88, 89, 129

●か行

階層格差　133
階層文化　96
カウンターカルチャー　96
格差　50, 51
『学生叢書』　111
学歴主義　45
かくれたカリキュラム　74, 76
学級制　70
加藤秀俊＊　180
過渡期　80
感情共同体　84
感情の共同体　83
感情労働　146
官僚制組織　72
疑似師弟関係　136
疑制家族　53, 54
北原白秋＊　26

旧制高校文化　108
旧中間層　40
教育玩具　27
教育する家族　38, 40, 46, 51, 53
教育的配慮　38
教養主義　108, 109
教養メディア　180
近代型能力　204
空間配慮　73
芸術文化資本　130
限定（生産）文化界　181
向学校文化　94, 103
高等女学校　41
高等女学校令　121
高度消費社会　31, 34
小島政二郎＊　167
互酬関係　145
孤独な階級　195
『コドモノクニ』　28
コンサマトリー　97, 100, 102

●さ行

西条八十＊　26
作田啓一＊　195
サブカルチャー　94
『三四郎』　110
『三太郎の日記』　109, 169
ジェンダー・バイアス　76
私淑　165, 166
シシュク　174
市場化　104
市場原理　30
師弟制度　136
清水慶子＊　187
社会関係資本　89

集合的記憶　88
準拠的個人　173
消費社会　101
消費社会化　101, 104
消費の欲望　30
昭和教養主義　111
女学生文化　128
女子大生亡国論者　187
人格化された知　153
新中間層　27, 40, 53
鈴木三重吉*　26
ストックの知　152
生徒化　114
制度の後退　151
生徒文化　93
『世界』　182
全制的施設　100
相馬黒光*　122
卒業式の誕生　82

●た行
大量（マス）文化界　181
田中芳子*　42
地位達成機能　129
地位表示機能　129
知識人　183
父親の育児参加　49
知のグローバル化　149
『中央公論』　182
中間文化　180
中間文化ジャーナリズム　181
ちょうちん型文化　181
通過儀礼　79
寺子屋　66
テレビ文化人　190
等級制　69
統合期　80

童心主義　45
同窓会　88
読書文化資本　130
徒弟制度　136
努力型メリトクラシー　197
努力の階層差　200

●な行
永井荷風*　167
中原淳一*　126
涙の共同化　85
西田幾多郎*　153
二代目桐竹紋十郎*　139
新渡戸稲造*　109
「日本型」年功序列　143, 144
日本型メリトクラシー　196
日本的互酬性　142
ネット論壇　191
野口雨情*　26
ノスタルジア　86

●は行
ハイパー・メリトクラシー　204
鳩山春子*　42
『花物語』　126
反学校文化　95, 96, 103
非正規雇用労働者　116
ひょうたん型文化　181
『婦人公論』　184
フラット化　24, 31, 149
フローの知　152
ブログ論壇　191
文学少女　125
文化資本　132, 202
文化資本形成機能　117
文化資本形成力　133
文化装置　35

『文藝春秋』 182
分離期 80
ペアレントクラシー 50
勉強＝努力主義 196, 203
ポスト近代型能力 204
ポスト近代社会 151
ポストモダン・コミュニティ 64

●ま行
まじめ勉強文化 114, 115
マス段階 107
ミッション女学校 120
メディアクラシー 177
メリトクラシー 50, 197
メリトクラシーの神話 196

●や行
柳田國男* 39
ユニバーサル段階 107
吉屋信子* 126

●ら行
良妻賢母主義 121

論壇 182
論壇知識人 190

●わ行
若松賤子* 122
「私の履歴書」 138
「笑い」の教育 39

●アルファベット
A.R.ホックシールド* 146
A.v.ヘネップ* 80
H.メハン* 73
IRE 73
J.デランティ* 64
M.アルヴァックス* 87
M.トロウ* 107
M.ヤング* 197
P.W.ジャクソン* 75
P.アリエス* 24
P.ウィリス* 96
W.ウォーラー* 163
Z.バウマン* 177

著者紹介

稲垣　恭子（いながき・きょうこ）

1956年	広島県に生まれる
1978年	京都大学教育学部卒業
1983年	京都大学大学院教育学研究科博士課程後期課程中退
現在	京都大学理事・副学長・京都大学博士（教育学）
専攻	教育社会学・文化社会学
主な著書	『女学校と女学生』（単著）中公新書，2007年 『現代の差別と排除をみる視点』（共編著）明石書店，2015年 『日本の論壇雑誌―教養メディアの盛衰―』（共編著）創元社，2014年 『教育における包摂と排除―もうひとつの若者論』（編著）明石書店，2012年 『教育文化を学ぶ人のために』（編著）世界思想社，2011年 『新版　教育社会学』（共編著）放送大学教育振興会，2007年 『子ども・学校・社会―教育と文化の社会学』（編著）世界思想社，2006年 『不良・ヒーロー・左傾―教育と逸脱の社会学』（共編著）人文書院，2002年
主な訳書	『フーコーと教育』（監訳）勁草書房，1999年

放送大学大学院教材　8920737-1-1711（ラジオ）

教育文化の社会学

発　行　　2017年3月20日　第1刷
　　　　　2022年1月20日　第3刷
著　者　　稲垣恭子
発行所　　一般財団法人　放送大学教育振興会
　　　　　〒105-0001　東京都港区虎ノ門1-14-1　郵政福祉琴平ビル
　　　　　電話 03（3502）2750

市販用は放送大学大学院教材と同じ内容です。定価はカバーに表示してあります。
落丁本・乱丁本はお取り替えいたします。

Printed in Japan　ISBN978-4-595-14085-3　C1336